情報リテラシー向上編で学んでほしいこと

新聞、ラジオ、テレビをはじめとするマスメディアに加え、インターネットも急激な発達をみせ、私たちを取り巻く情報環境は激変しています。

世界の至るところからいやでも飛び込んでくる膨大なニュースやデータ。情報を収集する苦労は以前に比べ格段に減ったものの、玉石混交の情報洪水のなかから、いかに有益な情報を適切にピックアップするかが新たな課題になってきました。いまや金融機関に勤める人たちにとっても、情報とどのように向き合うか、どう活用すべきかが大きなテーマとなっています。

金融のデジタル化、グローバル化が進展し、金融機関が「金融サービス産業」として位置づけられる今日、お客さまや取引先の求める情報は、金融商品・サービスや金融マーケット、IT技術の動向はもちろんのこと、取引先が属している業界の動向、マクロの景気動向、財政・金融政策等に関する情報、地域内におけるさまざまな分野の情報、会計、税務、財務、不動産取引、業務斡旋、資産運用に関する情報等、実に多種多様です。

本分冊では、金融機関ですでに働いている社会人、またこれから働いてみようというみなさんを対象として、仕事に必要な「情報リテラシー（＝情報を理解し、上手に活用する能力）」を高めてもらうことをテーマに、日経新聞の記事の読み方、主要な経済統計や金融マーケットの仕組み、インターネットの活用法などについてやさしく解説しました。

（本書における意見等は、すべて編著者の個人的なものであり、記述内容はすべて、属する組織等とは関係ありません。なお、本書のデータや情報等は、2023年5月までのものを用いています）

CONTENTS

最新 TOPICS
金融における AI 活用等

金融における AI 活用 ——— 4
サステナビリティ情報開示 ——— 6
事業成長担保権 ——— 8
コラム 古典で読み解く 情報リテラシー：『孫子』 — 10

総論
情報の海にこぎ出そう！

情報の海にこぎ出そう！ ——— 12
求められる情報リテラシー ——— 14
コラム 日経新聞ってどんな新聞？— 16

1 日経新聞の読み方

日経新聞をどう読むか ——— 18
日経新聞朝刊の構成 1 ——— 20
日経新聞朝刊の構成 2 ——— 22
日経新聞週末版の構成 ——— 24
コラム　読書の手引き ——— 25
その他の業界紙等 ——— 26
Point Check! ——— 28

2 経済情報などの基礎知識

景気指標を理解しよう 1 ——— 30
景気指標を理解しよう 2 ——— 32
統計数値を理解しよう ——— 34
金融マーケットの動きを理解しよう — 36
金融政策を理解しよう ——— 38
Point Check! ——— 40

3 インターネット情報の活用方法

インターネットをどう使うか ——— 42
経済統計などの官庁情報 ——— 44
マーケット情報 ——— 46
企業情報 ——— 48
スマートフォンとSNS ——— 50
コラム データ処理に必要な基礎知識 — 51
Point Check! ——— 52

新聞によく出る単語集（用語解説） — 53

最新
TOPICS

金融におけるAI活用等

P4 金融における AI 活用

P6 サステナビリティ情報開示

P8 事業成長担保権

P10 コラム 古典で読み解く情報リテラシー：『孫子』

多種多様な情報に接する私たちは、そのなかから重要で有益な情報を選択して、仕事や生活に役立てる必要があります。本分冊では、情報の奔流のなかにあっても、流されずしっかりと立つために、おもに「情報リテラシー」を高める方法論を述べていますが、この章では、２０２３年から２０２４年にかけて重要と思われるテーマを選んで解説します。「金融におけるＡＩ活用」「サステナビリティ情報開示」「事業成長担保権」の三つです。

もちろん、これら以外にも「地域金融機関の再編」「中央銀行デジタル通貨」「各国の金融政策動向」など多くの重要テーマがあります。これらは、読者のみなさんが、本分冊で学ばれたリテラシーを活用して、調べられることを期待します。

ただし、注意すべきことは、一見客観的な事実のようにみえる情報であっても、実は一方向の意見に偏っているケースがあるということです。たとえば、公正と思われる新聞も完全ではありません。また、インターネットや雑誌でも、どちらかの意見に偏っていたり、政府ですら省庁によって裏付けとする統計数値がまちまちだったりすることもあり、慎重な調査と判断が必要です。

なお、インターネットでキーワードを調べる場合、「ウィキペディア・フリー百科事典」などが便利で、検索エンジンでも必ず上位に掲示されますが、利用に当たっては、同様に慎重な対応が望まれます。

金融におけるAI活用

AIを用いた業務改善

最近、金融機関ではＡＩ（Artificial Intelligence：人工知能）をさまざまな業務に活用する取組みが増えています。

たとえば、①コールセンター業務の支援に活用して、電話の応答内容を解析し、顧客の問い合わせに対する適切な回答候補をオペレーターに提示する仕組み、②投資信託の買入れなどについて、顧客のリスク許容度や投資方針等に応じた最適なポートフォリオの構築等を助言するロボットアドバイザー、③市場業務において大量のデータを超高速で分析して市場予測・投資判断を行う仕組み、④顧客属性データを収集・解析して、さまざまな金融商品を顧客に提案・マーケティングする仕組み、⑤顧客属性や取引パターンを解析してマネーローンダリングやインサイダー取引などを検知する仕組み、⑥社内の過去の類似する書類を検索し、文書校閲も支援して書類作成を効率よくする仕組み、⑦顔認証によりＡＴＭ利用者の本人確認を行う仕組み、⑧社内向け、顧客向け双方の問い合わせ対応に自動応答するチャットボットの導入、⑨多種多様なデータを用いて借入申込者の信用スコアを算定し、その結果に応じて融資の可否および金利等の条件を判定する仕組みなどです。これらは、ＷＥＢやスマホで対応できるようにもなっています。

ＡＩの効果的な活用は、業務の効率化をもたらし、従業員の働き方改革に役立つほか、新たな収益を生み出すことなども期待されています。

クレジット・スコアリング

いわゆるオンラインレンディングを含む貸出審査の前段階の信用評価においてＡＩの活用が進んでいます。オンラインレンディングとは、来店や銀行員との面談が不要で、融資に関する申し込みから審査までの流れをオンライン上で行うものです。

融資担当者や審査担当者の経験に依存していた貸出審査の一部をＡＩが代替・補完することで迅速化・効率化を図り、担当者によって判断が異なることを防ぐ効果が期待されます。また、これまで支店などで把握できなかった多数の潜在的な顧客層を抽出することで、貸出が可能となるケースも増えてくるでしょう。

ここで重要なのが、クレジットスコアリングモデルです。これは、統計的モデル（数式等）に基づいて企業または個人の財務・属性情報等によりその信用度を点数化し、与信可否を判断するシステムです。

金融機関では過去にもスコアリングモデルを与信判断に用いた歴史があります。しかし、経営者の属性等の定性分析を省略してしまったこと、審査担当者を通さないためか顧客から提出された決算書の一部が粉飾されていた可能性があったこと、モデル構築のためのデータ処理が未熟だったことなどから、想定以上の貸倒れが発生してしまったため、多くの銀行でスコアリングモデルによる融資を打ち切ることになりました。

機械学習とデータの活用

最近、再び用いられているクレジットスコアリングモデルにはＡＩ、そのなかでも機械学習（マシンラーニング）が利用されています。機械学習とは、データから反復して規則性や判断基準を学習し、それに基づき未知のものを予測、判断する技術を指します。

機械学習にもいろいろなモデルがあります。ディープラーニング（深層学習）は、機械学習の一部であるニューラルネットワークという分析手法を拡張し、高精度の分析や活用を可能にした手法です（図表1参照）。このようなコンピュータの高速化もあり、大量の情報を用いることができて、精度の向上を図ったり、人間では発見できない複雑な関係を把握したりすることができるのです。

データにはこれまで用いられてきた情報――企業であれば財務諸表、個人であれば年収や資産の保有額などのほか、預金口座の入出金情報といった財務計数以外の数値データ、会計ソフトから直接読み込むデータ、SNS等の外部データから把握できる情報などを利用するケースがみられます。

図表1　AI、機械学習、深層学習の関係

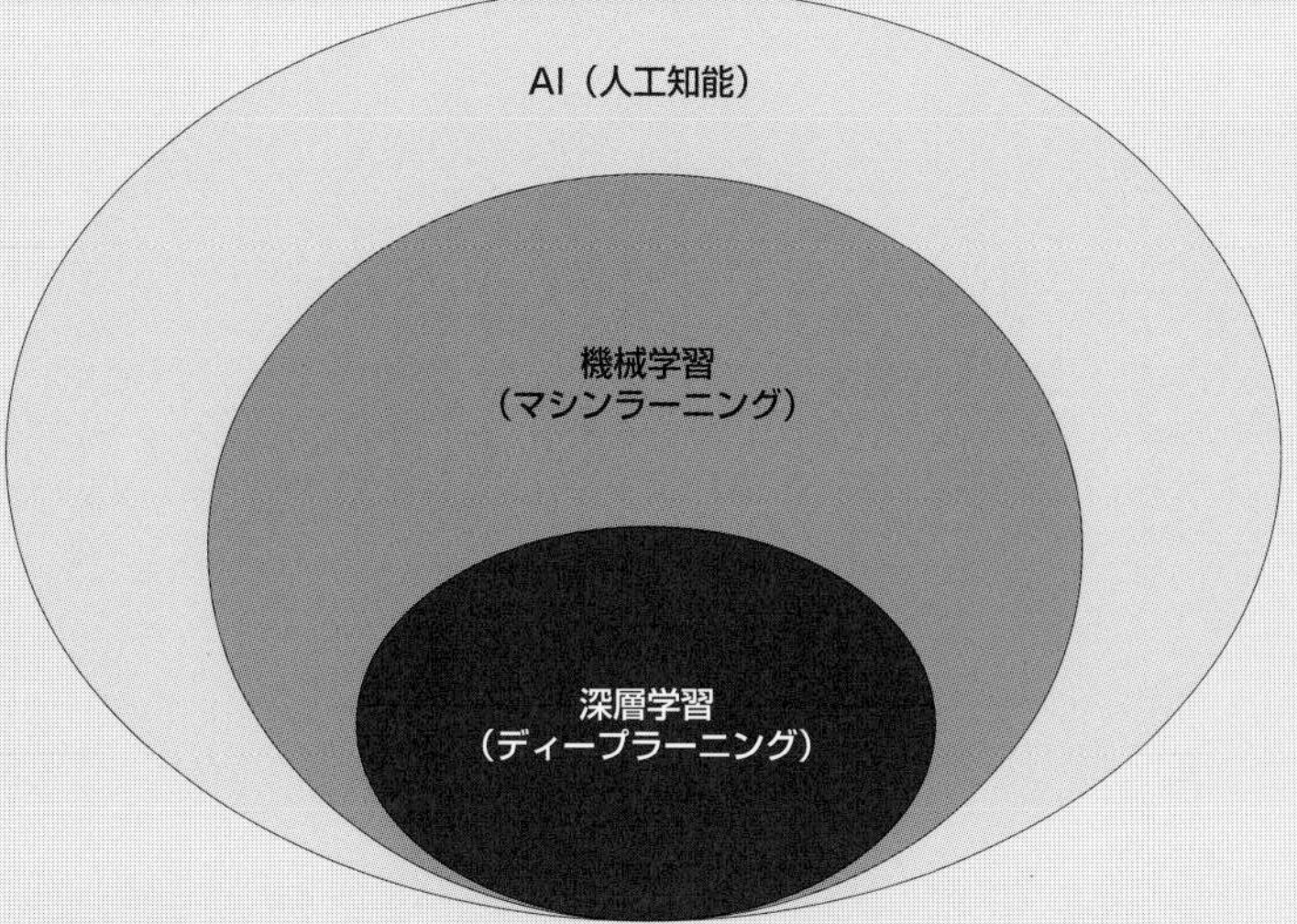

AI（人工知能）

機械学習
（マシンラーニング）

深層学習
（ディープラーニング）

出所：筆者作成

さらには、これまで銀行に蓄積されている顧客との交渉記録等の膨大なデータやさまざまなニュースデータとの因果関係などを利用することも進められています。

しかし、人間の判断できない因果関係で審査結果を出すことがあること、すなわちモデルのブラックボックス化の問題があるので、対顧客や組織内で説明責任をどのように果たすのかが課題といえます。

生成ＡＩの登場

現在、文章などをつくってくれる「Chat Gpt（Generative pre-trained transformer）」などの高性能の生成ＡＩが世界で注目を集めています。Chat Gpt は米国の OpenAI が開発した人工知能チャットボットサービスです。インターネット上にある膨大なデータを学習し、質問や相談などを入力すると、自然な会話形式でＡＩが回答する仕組みです（図表２参照）。画像、文章、音声、プログラムコード、データなどさまざまなコンテンツを生成する「生成ＡＩ」は、Chat Gpt 以外にも登場しており、日本語を含むさまざまな言語に対応可能です。

しかし、生成ＡＩの回答は必ずしも正確とは限りません。また、フィッシングなどの犯罪に使用されるリスク、偽情報の拡散、人種や性別などが偏（かたよ）ったデータに基づいた差別的な分析の提供、人間の仕事を奪う可能性、保護すべき個人情報や社内情報が漏えいする可能性などさまざまな課題があります。

たとえば、質問内容に社内データを用いると、それが学習されて他のユーザーの回答に利用される可能性があります（これを防ぐ機能を開発した会社もあります）。また、生成ＡＩが学習に使用したデータのなかには著作権が存在するものがある可能性もあります。そのため、生成ＡＩを利用すると、知らないうちに他人の著作物などの知的財産権を侵害することもありえます。

このようなことから規制すべきだという議論もあり、生成ＡＩは非常に便利ですが、利用するためには非常に注意深い配慮が求められます。

図表2　Chat Gptの仕組み

学習方法	判断基準（正解）となるデータやアルゴリズムを事前に AI に与えて、さまざまなデータからモデルを導き出すように訓練する（教師あり学習）
データセット	インターネット上の文章、誤りや偏り（バイアス）を防ぐための文章、ユーザーと AI の対話文
活用例	文章の作成（ストーリー、コピーライト、記事、エッセイ、プレゼン資料など）、プログラミング（コーディング）、質疑応答、コミュニケーション、ディスカッションなど

出所：筆者作成

サステナビリティ情報開示

SDGsとESG、TCFD

昨今の報道でSDGsの話題が出ない日はないといってもいいでしょう。SDGsとは、2015年開催の「国連持続可能な開発サミット」において採択された、人間、地球および繁栄のための行動計画「持続可能な開発目標：Sustainable Development Goals」のことをいいます。2030年までに17の目標を達成するために、民間企業を含めたあらゆるステークホルダー（利害関係者）が行動を起こす必要があります。企業活動においては、重要な気候変動対応、人的資本・多様性等のサステナビリティ情報の開示などが求められています。

SDGsと一緒によくみられるのが「ESG投資」です。これは、投資家による投資先企業のリスクマネジメントや新たな収益機会を得るために従来の財務情報だけではなく、環境（Environment）、社会（Social）、ガバナンス（Governance）を考慮した投資のことを指し、その評価のための情報が求められています。

気候変動分野ではTCFD（気候関連財務情報開示タスクフォース）の取り組みが特に重要です。これは金融安定理事会（FSB：主要国の中央銀行、金融・財政当局、国際経済機関等の代表が参加）により設立され、2017年の報告書で企業等に対して財務に影響のある気候関連情報の開示を推奨したものです。世界全体で多くの組織が賛同しており、日本でも千二百以上の企業・機関が賛同しています（23年3月時点。経産省公表）。

サステナビリティ情報とは

このような国際的な動きを背景として各企業におけるサステナビリティに関する非財務情報の重要性が高まっています。21年、国際会計基準の設定主体であるIFRS財団が国際サステナビリティ基準審議会（ISSB）を設立しました。ISSBはTCFDを参考にしながら、22年3月サステナビリティ開示基準の公開草案を公表し、23年中に最終化される予定です。わが国においても、財務会計基準機構（FASF）が22年サステナビリティ基準委員会（SSBJ）を設置し、サステナビリティ開示をめぐる議論が行われています。

企業におけるサステナビリティ概念とは、たとえば、わが国の上場企業に求められるコーポレートガバナンス・コードや機関投資家に求められるスチュワードシップ・コードにおいて「ESG要素を含む中長期的な持続可能性」とされています。具体的には、環境、社会、従業員、人権の尊重、腐敗防止、贈収賄防止、ガバナンス、サイバーセキュリティ、データセキュリティなどに関する事項が該当するでしょう。

企業の情報開示義務化

わが国では上場企業等の作成する23年3月期決算以降の有価証券報告書において以下の事項が義務化または任意で求められます（企業内容等の開示に関する内閣府令改正等。図表1）。

①「サステナビリティに関する考え方および取組」の記載欄を設置、「ガバナンス」および「リスク管理」については必須記載事項、「戦略」および「指標および目標」については重要性に応じて記載

②気候変動対応が重要である場合、「ガバナンス」、「戦略」、「リスク管理」、「指標および目標」の枠で開示。二酸化炭素などの温室効果ガス（GHG：Greenhouse Gas）排出量について、各企業の業態や経営環境等をふまえた重要性の判断を前提としつつ、サプライチェーン排出量の区分Scope1（事業者自らによる直接排出）とScope2（他社から供給された電気、熱・蒸気の使用に伴う間接排出）については積極的な開示が期待

されること（図表2）。
サプライチェーンとは、製品の原材料・部品の調達から販売に至るまでの一連の流れを指す用語で、自社だけではなく、関連する他社の活動も含みます。

③人材の多様性の確保を含む人材育成の方針や社内環境整備の方針および当該方針に関する指標の内容等については「戦略」と「指標および目標」において必須記載

④女性活躍推進法や育児・介護休業法等に基づき「女性管理職比率」、「男性の育児休業取得率」および「男女間賃金格差」を公表している会社およびその連結子会社においては、これらの指標を有価証券報告書等においても記載

図表1　有価証券報告書で開示されるサステナビリティ情報

		ガバナンス	戦略	リスク管理	指標と目標
サステナビリティ全般		リスクおよび機会を監視・管理するためのガバナンスの過程、統制、手続き（すべての企業が開示）	リスクおよび機会に対処するための取り組み（重要性を判断して開示）	リスクおよび機会を識別・評価・管理するための過程（すべての企業が開示）	リスクおよび機会に関する連結会社の実績を長期的に評価・管理・監視するために用いられる情報（重要性を判断して開示）
	気候変動	気候変動に関する情報について、ガバナンス、戦略、リスク管理、指標と目標の４分野にわたって開示。GHG排出量（Scope1、2）開示。（重要性を判断して開示）			
	人的資本	－	人材育成方針、社内環境整備方針（すべての企業が開示）	－	戦略で記載した「方針」に関する指標、目標、実績（すべての企業が開示）

出所：筆者作成

図表2　サプライチェーン排出量のScope別イメージ図

出所：環境省資料より筆者作成

中小企業への影響

現在の議論は有価証券報告書を作成する企業に関するものが中心で、非上場の中小企業には関係がないようにみえます。しかし、サステナビリティの理念に賛同して企業活動を進めることはすべての主体にとって重要なことですし、人材採用にも好影響を与えることになります。前段③④の「人的資本」に関する課題に取り組んで改善していくことは直接インパクトがあります。

また、大企業に対してGHG排出量のScope3がISSB新基準では開示が義務付けられることになっている点も注目すべきです。Scope3とは、自社以外のサプライチェーン全体におけるGHG排出量のことです。したがって、近い将来、大企業と取引するためにはGHG対策をはじめとするサステナビリティを推進し、これを開示することが求められることになると思われます。

金融機関としての役割

サステナビリティ情報開示はもちろん金融機関にも求められます。また、Scope1、2はもちろん、Scope3の開示が求められるとすれば、投融資先のGHG排出量を把握し、さらに削減に向けて協働していくことになるものと思われます。

本来的金融業務としても、たとえば、カーボンニュートラル社会への移行を促進する投資や融資（トランジション・ファイナンス）などの「サステナブルファイナンス」などが注目されています。環境に配慮した事業に資金使途を限定して調達される融資（グリーンローン）や債券（グリーンボンド）は環境金融とも呼ばれます。また、途上国の教育普及や貧困層向けの無担保小口融資を目的とするソーシャルボンドも対象になります。これらの債券をSDGs債と呼ぶこともあります。

金融機関はサステナビリティに関する自らの活動を適切に管理し、情報を開示するとともに、能動的・積極的な貢献が求められているのです。

事業成長担保権

わが国のスタートアップ企業や事業の成長・承継・再生等の局面にある事業者にとって、融資の担保として提供できる不動産等の有形資産や経営者保証等がなければ、資金を調達することがむずかしいといった課題が指摘されています。このような事業者が資金調達に課題を抱えることは、日本の企業・経済の持続的成長を目指すうえで大きな障害となると考えられます。

そこで現在、事業者が事業全体を担保に金融機関から成長資金等を調達できる新しい制度の早期実現に向けた検討が進んでいます。

担保の種類

金融機関には、貸出先の事業の内容やリスクを理解して貸出の可否等を判断することが求められます。しかし、その事業の実態や将来性の的確な理解がむずかしいことも多いため、一定の資金供給を可能とするために不動産等の有形資産担保や経営者保証等による保全によって融資を実行することが一般的だと思われます。

担保の種類には物的担保と人的担保（保証、連帯保証等）があり、物的担保（抵当権、質権、譲渡担保等）の対象となる物（目的財産）は以下のように分類されます（図表1）。

物的担保は土地・建物の不動産担保が最も一般的なものです。不動産を担保にとる場合、抵当権または根抵当権を設定する方法が一般的でしょう。債務者との間で抵当権設定契約を結び、抵当権設定登記をします。不動産登記に抵当権が公示されるため、デフォルト時に他の債権者よりも優先して債権回収できることが第三者にも明らかにされ（「対抗要件がある」といいます）、債権回収の手法として効果的です。

図表1　物的担保のおもな対象物

	おもな対象物
不動産	土地、建物、工場財団等
動産	商品、製品・原材料、機械・器具等
有価証券	公社債、株式、手形
債権	指名債権（預金等）、入居保証金、売掛金等
その他	知的財産権

出所：筆者作成

動産担保、有価証券担保、債権担保は質権や譲渡担保がおもなものになります。

これら担保のなかでも不動産や国債、預金等の価値は債務者企業の事業内容の好調・不調との相関関係が小さいと考えられることから融資担保として有効であるとみられています。

しかし、スタートアップ企業は、将来的な成長が見込める場合であっても、このような物的担保を保有していない場合が多く、代表者個人の保証を求めると事業そのものへの意欲をそいでしまう欠点があります。物的資産を必要としないデジタル化社会の進展のなか、このような欠点がわが国経済の発展を阻害しているのではないかという指摘が強まっています。

事業成長担保権の仕組み

このような課題を克服するために検討されているのが、事業全体に対する担保権である事業成長担保権です。この担保権の対象は事業全体で、知的財産権、ノウハウ、顧客基盤等の無形資産（「のれん」ともいわれます）も含まれ、事業価値と一致します。事業成長担保権により無形資産を含む事業の将来性に着目した融資が促進され、創業・第二創業を容易にするものと期待されています。政府は2023年中に法制度をつくる予定としています。

図表2　事業成長担保権の概要イメージ

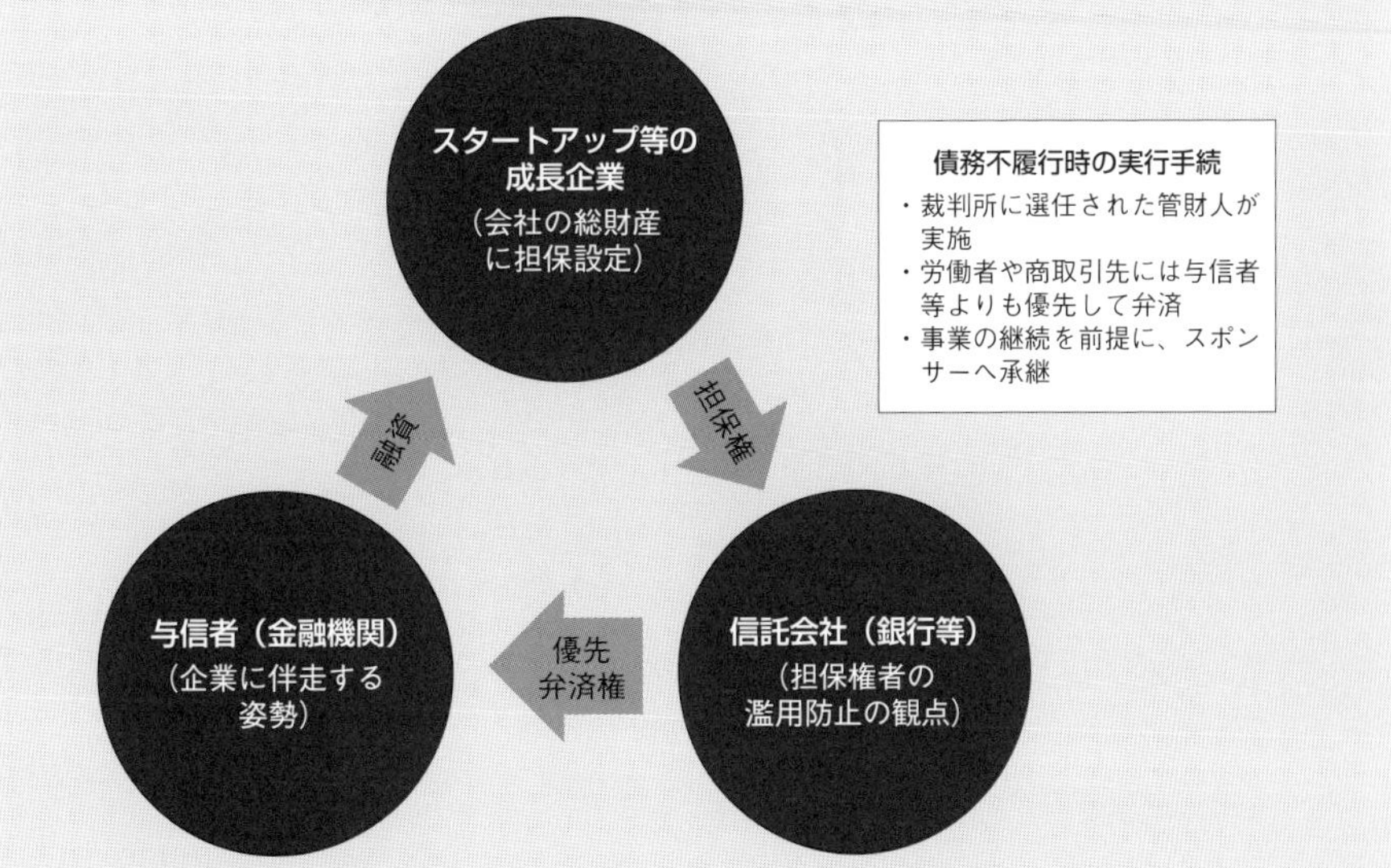

スタートアップ等の成長企業
（会社の総財産に担保設定）

担保権

信託会社（銀行等）
（担保権者の濫用防止の観点）

優先弁済権

与信者（金融機関）
（企業に伴走する姿勢）

融資

債務不履行時の実行手続
・裁判所に選任された管財人が実施
・労働者や商取引先には与信者等よりも優先して弁済
・事業の継続を前提に、スポンサーへ承継

出所：金融庁資料を参考に筆者作成

　事業成長担保権の概要は以下のように考えられています（図表2参照）。

①担保目的財産

　担保目的財産は、解釈上も範囲が明確で法的安定性が確保できる必要があるため、まずは現行制度上も担保権の目的となる資産（総財産）を一体としてその目的としています。さらに、のれん等も対象に含めるため、事業活動から生まれる将来キャッシュフロー（担保設定者に属する将来の財産を含む）も担保の目的とされます。

②設定者（債務者）

　個人（事業主）は事業と私生活の財産とを区別することが困難であることから対象外とし、公示制度を利用することが可能で、事業成長可能性が想定しやすい株式会社や持分会社などに限定されます。また、経営者個人による保証も経営者が事業を行うリスクテイクや早期の事業再生を躊躇する要因の一つとなると考えられるため制限されることになります。

③担保権者

　成長資金等を供給できる与信者に広く利用を認めるべきですが、同時に担保権者による会社の乗っ取りのような濫用とみなされる株式や重要な事業資産の取得を排除するため、事業成長担保権の設定を信託契約によることとし、この信託契約の受託者（信託会社）が事業成長担保権者となり、債権者は受益者とすることとされています。信託会社がゲートキーパーとしての役割を担うのです。

④対抗要件

　担保権の設定状況を知る制度として公示性の高い商業登記簿への登記が見込まれます。

⑤担保権の実行

　事業成長担保権の制度は金融機関による緊密なモニタリングにより企業が経営不振に陥ることを防いで、早期に経営改善を図ることが想定されていますが、担保権の実行に至った場合には、裁判所が選任する管財人によって事業価値を維持しつつ、スポンサー企業への事業承継を目指すこととされています。個別財産のバラ売りを防ぐことが期待されるのです。

⑥優先弁済の枠組み

　事業成長担保権が実行される場合は、可能な限り事業価値を維持しつつ換価できるように、事業の継続に必要な従業員や商取引先などに対して、事業成長担保権者よりも優先して弁済する枠組みが求められています。

今後の取り組み

　事業成長担保権の仕組みは、事業価値が下がると担保価値も下がるため、デフォルト時の債権回収はむずかしい、すなわち、破産への備えとしての機能が不動産担保等従来型担保権に比べて乏しいといえます。

　しかし、与信者、すなわち債権者である金融機関には、融資先である事業者と常日頃から緊密な関係を構築し、支援することで担保価値を維持・向上させること、そうすることにより地域経済の発展に貢献することが求められているのです。

　ただし、成長の見込みがないのにズルズルと延命させている「ゾンビ企業」の存在が日本経済の発展を阻害しているという批判もあります。企業の将来性を早期に見極めるためには、金融機関は事業全体として生み出される将来収益からの返済可能性等をふまえた合理的な引当金（将来の損失に備えて計上しておく費用）の設定も検討すべきでしょう。

　いずれにせよ、金融庁や法務省等の政府案に基づく法制化を待ち、海外事例を参考にしつつ、わが国の実例を積み上げていくことで、金融機関が成長企業の発展に貢献してもらいたいと期待します。

コラム
古典で読み解く情報リテラシー：『孫子』

昨今、読書の機会がめっきり減ったといったり、本を読んでも手近なハウツーものが中心で、古典から遠ざかっているといった人が多いのではないでしょうか。しかし、古典には奥深いエッセンスが含まれており、各時代のリーダーたちに読み継がれてきました。

情報収集の重要性を説いた古典もあります。それが『孫子』です。孫子は紀元前500年頃に書かれた兵書です。しかし、現代に至るまでその最高峰とされていて、西欧やわが国でも軍事学のテキストとして、そしてマネジメントにも広く参考にされています。以下では、情報収集に関する二つの部分を読み解いていきましょう。

1.「兵法は、一に曰く度。二に曰く量。三に曰く数。四に曰く称。五に曰く勝。地は度を生じ、度は量を生じ、量は数を生じ、数は称を生じ、称は勝を生ず。ゆえに勝兵は鎰（いつ）(注) をもって銖（しゅ）を称（はか）るがごとく、敗兵は銖をもって鎰を称るがごとし」

孫子では「度・量・数・称・勝」が重要だといいます。「度・量・数」はさまざまな計量方法で、「称」も能力を計測することをいい、これらを熟慮して「勝」を決するのです。実際に戦う前にさまざまな情報を収集し、それらを計測して、作戦を考えるということです。さらに、勝者は、重い目方で軽いものをいっぺんにたくさん計測できますが、敗者は反対に軽い目方で重いものを計測するので、効率が悪いということをいっています。

みなさんが担当地域のマーケット調査や業種・個社別信用調査等を手堅く実施して、さらに経済全体のマクロ的な動きをも考慮すれば、支店の業績が伸びるでしょう。無闇無鉄砲な営業活動は何も生み出しません。情報を収集することは、まさに、孫子の最も有名な言葉「彼を知り己を知れば百戦殆（あやう）からず」に通ずるのです。

2.「爵禄（しゃくろく）百金を愛（おし）みて敵の情を知らざる者は、不仁の至りなり。人の将にあらざるなり。主の佐にあらず、勝の主にあらず。ゆえに明君賢将の動きて人に勝ち、成功すること衆に出ずるゆえんのものは、先に知ればなり」

軍事は非常にコストのかかるものです。したがって、本来は避けるべきものです。そこで、報酬を惜しんで、敵の情勢を調べようとしないのは、立派なリーダーとはいえません。人に抜きん出て勝利を得ることができるのは、あらかじめ情報を知ることから始まるのです。そして、孫子では情報を収集する人を活用することの重要性を説いています。

これを実践したのが、桶狭間の戦いにおける織田信長です。ご存じのようにだれが考えても敗戦必至だった信長は、少数の兵力で敵将今川義元を打ち破りました。当時のほかの武将なら、義元の首をあげた部下を最高に賞するところ、突然のにわか雨を避けていた義元の居場所を正確に探った部下を信長は第一の功労者としたのです。彼が戦国武将で抜きん出た存在であった理由が垣間みられるエピソードです。

正確な情報を収集する重要性は、いまもむかしも変わらないということですね。

（注）鎰・銖：ともに重さの単位で、鎰が銖より圧倒的に重い。

情報の海にこぎ出そう！

P12 情報の海にこぎ出そう！

P14 求められる情報リテラシー

P16 コラム 日経新聞ってどんな新聞？

情報の海にこぎ出そう！

情報を制する者がビジネスを制する

　ビル・ゲイツ、マーク・ザッカーバーグという名前をお聞きになったことがあると思います。ビル・ゲイツはマイクロソフト社、マーク・ザッカーバーグはソーシャル・ネットワーキング・サービス（ＳＮＳ）のFacebook（現在の社名はメタ）の創業者で、2人とも情報ビジネスのトップリーダーと称されています。また、検索エンジンからスタートしたGoogle（グーグル）の共同創業者ラリー・ペイジとセルゲイ・ブリン、電子商取引のAmazon.com（アマゾン・ドット・コム）のジェフ・ベゾスも彼らに劣らない重要な企業を生み出しました。最近では、これら4社とＡｐｐｌｅ（アップル）の頭文字を合わせてＧＡＦＡＭ（ガーファム）と呼び、さまざまなサービス、情報を提供する「プラットフォーマー」として世界中の情報を支配しているのではないかと批判されるに至っています。

　このようにインターネット、パソコン、ＳＮＳ、携帯電話などの情報産業は、いまや数多い業種のなかでもきわめて重要な地位を築くに至っています。それは、すべての企業や個人が情報やメディア（情報産業）なしでは、活動できない状態にあるからです。

　通信環境や設備に左右されない紙媒体の新聞や雑誌は、いまも重要です。それは、落ち着いて読む精神的なゆとりをもたらしてくれます。しかし、現代は、通信やＩＴ技術（ＩＣＴ：Information and Communication Technologyとも呼ばれます。また、ＩｏＴ：Internet of Thingsと呼ばれるようにインターネットにさまざまなものがつながってきています）の著しい発展によって、インターネットを経由した大量でスピーディーな情報にも接しなければなりません。新聞や雑誌もＷｅｂ配信されていますし、情報を活用する分野は、政治、軍事から、経済活動に広がり、いまや私たちの仕事や日常生活も、情報なしで成り立ちません。世界の至るところから飛び込んでくる膨大なニュースやデータ。情報を収集する苦労はなくなったものの、玉石混交の情報洪水のなかから、いかに役に立つ情報をピックアップするかが新たな課題になってきました。金融機関に勤める人たちにとっても大きなテーマとなっています。

社会常識としての情報

　金融機関に勤める人が常に把握しておかなければならない情報は、大きく二つに分けられるでしょう。一つは社会人として当然知っていなければいけない情報です。これは社会常識としての情報です。新聞でいえば、1面に載っているような記事、政治面や社会面で大きく取り上げられている記事、テレビ番組で取り上げられるようなニュースです。たとえば、最近はＳＤＧｓ（⇨単語集）関連でしょう。もちろんこれらの情報の重要性は、一般企業でも同様で、特に金融機関に限ったことではないと思います。ただ、幅広いお客さまとの接点があり、かつ、社

会の信用・信頼のうえに事業が成り立っている金融機関にとっては、一般教養とあわせてこれらの話題についていけないことは、自分個人に対する信用ばかりでなく、ときには金融機関自体の信用や信頼を損なうことにもなりかねません。その意味で、金融機関職員は、社会で何が起きているか、常に幅広い情報をしっかりと把握しておく必要があるでしょう。

金融のプロに対して求められる金融情報

もう一つは、金融機関という金融のプロに対して求められる金融情報です。なかでも、まずはお客さまから求められる情報です。金融機関は、現代では「金融サービス産業」と位置づけられています。そのサービスの内容は、すべて「情報」というかたちに置き換えられるといっても過言ではありません。

個人金融資産

国内の個人金融資産残高（⇩単語集）はいまや2000兆円になっています。日本全体の名目GDP（国内総生産）が五百数十兆円ですから、その4倍近くの規模です。この巨額な金融資産をどのように運用していけばよいのか、少しでも有利な運用方法がないか、老後に備えてどのような運用方法がベターなのか、個人のお客さまからは金融機関による有益なアドバイスが求められています。

アドバイスに必要な情報

現代では預金商品の金利は各金融機関で自由に決めるようになっています。加えて、超低金利が長期に続き、金融商品も多様化し、銀行で債券や投資信託（⇩単語集）、保険・証券仲介までを行うようになりました。これらの金融商品の金利や価格は、日々金融マーケットで動いており、大きな利益が得られる可能性がある一方、損失を被るリスクもあります。これらの金融商品をお客さまに的確に販売するには、プロとしての商品知識に加え、金利や為替などの金融マーケットの動向に関する情報収集が欠かせません。また、お客さまも、最終的にはご自身で判断する必要があるにせよ、金融機関には判断材料となる情報の提供を求めます。

もちろんこれは個人のお客さまだけに限られるわけではありません。法人のお取引先も、資金の調達、運用はマーケット動向をふまえて行っています。金利動向、外国為替動向次第で調達や運用の手段、方法、ヘッジの仕方等が変わってきます。動かす金額が巨額であり、手法も高度であるだけに、金融情報に対するニーズは、個人顧客よりもさらにシビアなものといえるでしょう。いまや金融機関に勤める者にとって、顧客に有益な金融情報をいち早く提供することが、勝ち残るための必要不可欠な手段となっているのです。

金融業に関する情報

金融機関はいま大きな変化の波にさらされています。AI（⇩単語集）導入による業務効率化やサービスの高度化、地方の人口減少や高齢化に伴う金融機関の再編、金融危機を防ぐための仕組みで、2024年3月期より最終化段階が実施されるバーゼル規制Ⅲといわれる自己資本比率規制（⇩単語集）などは、金融機関に勤める職員として常に配慮すべき情報といえます。

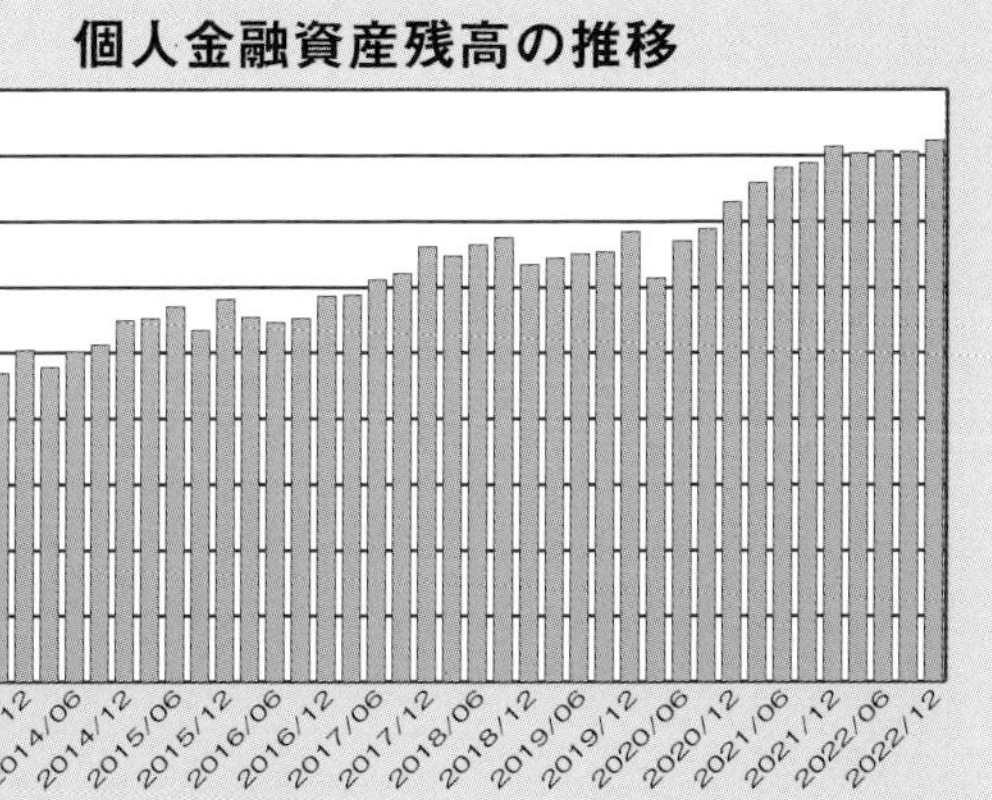

出所：日本銀行主要時系列統計データ（四半期）家計金融資産（資産循環勘定）

求められる情報リテラシー

金融機関職員の情報源

金融機関職員に必要な情報は、具体的な金融商品・金融サービスや金融マーケットの動向に限りません。金融行政、金融制度、金融機関の経営戦略、個別の取引先やその取引先が属している業界の動向、マクロの景気動向、財政・金融政策等に関する情報、地域内におけるさまざまな分野の情報、その他、会計、税務、財務、不動産取引、業務斡旋に関する情報などが幅広く求められています。

ちょっと気が遠くなってくるかもしれませんが、金融機関に勤める先輩たちが実践している方法は決してむずかしいことではありません。それは、毎日確実に新聞を読むこと。ネット版でも結構。それもできれば専門紙である日経新聞にじっくりと取り組むことです。慣れというのは恐ろしいもので、最初は難解に思えた日経新聞の記事が、しばらく経つとすんなり頭に入ってくるようになります。

インターネット

もう一つ、新聞と合わせて活用したいのは、インターネットです。インターネットの最大の強みは必要なときにすぐにアクセスできる速報性ですから、時々刻々変化するマーケット情報を把握するにはうってつけのツールです。日経新聞以外のたくさんの情報源にアクセスできますし、そこからさらに多くの情報にリンクされることもあるので、獲得できる情報量は無限に広がっていくといっても過言ではありません。

情報リテラシー

「情報リテラシー（information literacy）」（⇩単語集）という言葉があります。金融機関の職員が身につけなければならないのは、まさにこの「情報リテラシー」を高めることといってよいでしょう。

情報は玉石混交といいましたが、よい情報と悪い情報を見分けるのには、やはりそれなりのコツが必要です。

へもかの法則

たとえば、「へもかの法則」というのをご存じでしょうか。「日経平均○○には3万円台へ」「週明けに首相退陣も」「日銀、金融政策の変更か」といった新聞記事の見出しを時々見かけることと思います。最後が「へ」「も」「か」で終わることから、このような見出しの付け方を「へもかの法則」と呼んでいるそうです。裏付けのあまりない憶測記事の見出しの常套手段ですが、スポーツ新聞やネット・ニュースなどではよく見かけますね。このような見出しにつられてついクリックしてしまうという人も多いのではないでしょうか。さすがに日経新聞では「へもか」的な見出しはあまり見かけませんが、次の記事のように世間を騒がせたものもありました。

それは、２０１３年９月13日付夕刊１面で「ＦＲＢ議長にサマーズ氏ー元財務長官、指名へ最終調整」と断定的な見出しで報道したものです。ところが、２０１４年２月に就任したのは当時のＦＲＢ副議長だった女性のイエレン氏（現 財務長官）

でした。

2013年9月13日付日経新聞のリード文では「オバマ米大統領は12日、来年1月に任期切れとなるバーナンキ米連邦準備理事会（FRB）議長の後任に、ローレンス・サマーズ元米財務長官を指名する方向で最終調整に入った」と記述していることから決定事項とはしていないのですが、見出しはスクープとしてインパクトのある断定口調になっています。記事本文中の「複数の米関係筋が明らかにした」も、記者の取材の努力とその自信がうかがえます。

このように新聞やインターネットの報道の裏には、さまざまな動きがあるということをよく認識しておきましょう。見出しは記事のなかでは最も重要な部分です。見出しの書き方で記事の質をしっかりと見極めましょう。

また、記事の内容にも注意が必要です。俗に「提灯記事」といわれているものがあります。特定の商品や政策などを実態以上に持ち上げた印象を与える記事のことです。このような記事は株価に影響を与えるので注意しなければなりません。

書き方で、読者のとらえ方は180度変わってしまう

これまで述べてきたような典型的な例でなくとも、記事を読むときに留意しなければならない点はいろいろあります。たとえば、ある経済指標が毎月悪化の一途をたどっていたとします。ところが、ある月に久しぶりに好転しました。これをどう解釈するか。記者が「ようやく下げ止まって、明るい兆しがみえてきた」と考えるのか、「たまたま特殊要因で好転したが、基調は変わらず、今後も下降線をたどるだろう」と考えるのか。記事の書き方によって、読者のとらえ方は180度変わってしまうでしょう。

賛否両方の議論

また、判断が微妙に分かれるような重要なトピックでは、異なる有識者の意見が並んで掲載されていることがあります。賛否両方の議論を掲載するというのは、報道する側からは「中立公正な報道」という立場をとっているわけですが、読者サイドからは、どちらの意見ももっともらしく（その道の専門家の意見ですから当然ですね）、どちらの立場に立って考えればよいのか、悩んでしまうこともしばしばです。自分の考え方をしっかりもつ、ということは人からいわれるまでもなく重要なことですが、幅広い分野でそのレベルに到達するのは、実はなかなかむずかしいことなのです。

日経新聞とインターネット

本書では、金融機関職員の代表的な情報源としておもに日経新聞とインターネットを選んでみました。第1部では、情報源の基礎である日経新聞の構成や特徴、読み方を簡単に紹介しています。朝刊だけで40ページ近い新聞ですから、しっかりとコツをつかんでおかないと長続きしませんよね。第2部では、経済・金融記事を読む際の必要最低限の知識を整理してあります。もちろん、これだけでは足りませんから、用語集などで必要に応じて補ってください。自分なりの判断や考え方をもつためには数字や統計に強くなることが最も早道です。数字や統計をおそれないこと、そうすれば道は必ず開けます。第3部ではインターネットの活用法をまとめました。新聞情報を基礎としてより多くの情報を、より早く入手する武器としてインターネットをぜひ有効に使いこなしていただきたいものです。

では、本書を活用して、みなさんが有意義な情報の海にこぎ出されんことを。

Bon Voyage!（ボン・ボヤージュ）

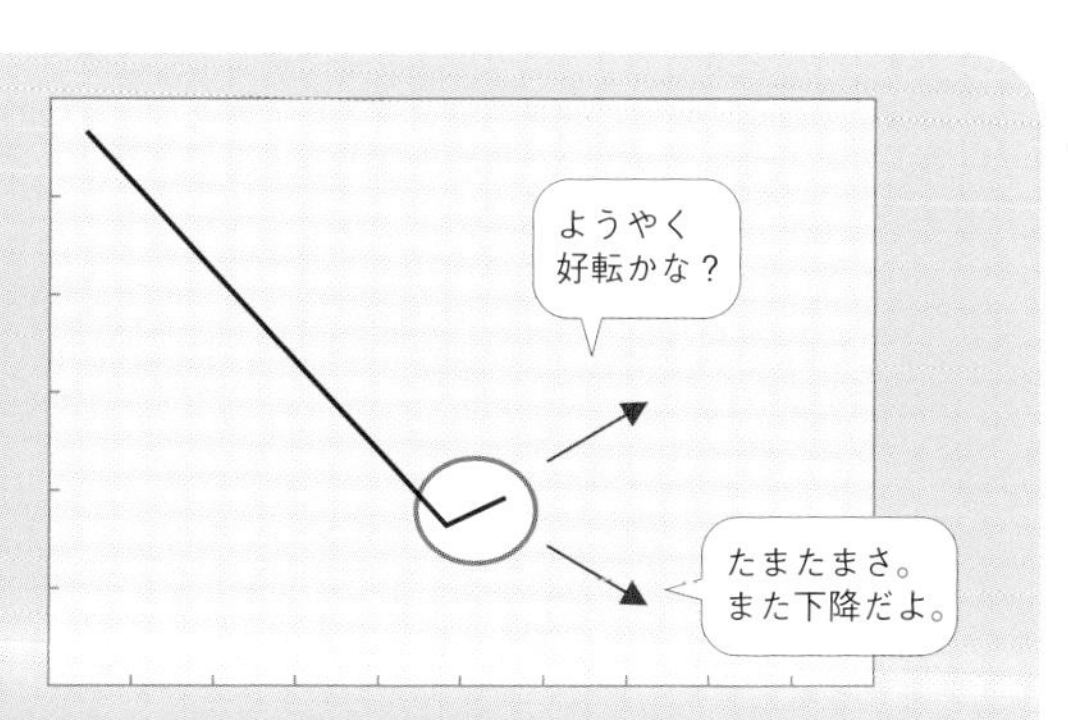

コラム
日経新聞って どんな新聞？

本書の中心テーマの一つである日本経済新聞。国内有数の経済専門紙として高い評価と幅広い読者を得ていますが、さて、この「日経」とはいったいどんな新聞なのでしょうか？

まず、日経新聞の成り立ちですが、前身は「中外物価新報」といい、西南戦争の前年、1876年に創刊されたとのこと。すでに140年以上の歴史をもっています。名前の「中外」は、中は国内、外は海外の意味で、国内外の経済情勢や市況・物価の動きなどが掲載されていたそうです。ちなみに、当初は日曜日のみの週刊で、4ページ建て、購読料は1部5銭でした。その後、1889年に「中外商業新報」となった後、1942年には戦時中の新聞統合により「日本産業経済」と改題。戦後、1946年3月に「日本経済新聞」となって、現在に至っています。

日経新聞の販売部数は、朝刊で約156万部、電子版有料会員数87万人。世界の3大経済紙は、日経新聞、ウォールストリートジャーナル（米国）、フィナンシャル・タイムズ（英国）といわれていますが、紙媒体および電子版の合計でウォールストリートジャーナルやフィナンシャル・タイムズの販売部数を日経新聞が超えているようです（紙媒体の購読者数は減少し、無料のネットユーザーもいることから、部数等の単純比較にはあまり意味がないかもしれません）。そして、2015年には日経新聞社がフィナンシャル・タイムズを買収しました。

では、日経新聞の読者は、いったいどんな人たちなのでしょうか。近年の日経の調査によりますと、読者の年齢構成は、29歳以下が全体の11％、30歳代が13%、40歳代が22%、50歳代が28%、60歳以上が27%、となっているそうです。各世代にわたって幅広く読まれているといえますが、見方を変えれば、年齢を重ねても、変わらずに読み続けている。また、ビジネスの中核を担う年齢層が多いといえるでしょう。

読者の職業は、全体の約3分の2がビジネス・パーソンです。これは予想どおりですね。それに次ぐのは、主婦で約15%。意外に思う人もいるかもしれませんが、主婦もしっかりと日経新聞を読みこなしています。ちなみに、学生も6%ほどを占めていて、頼もしい限りです。就職活動にも有益なのでしょう。

一方、企業の側からみますと、日経新聞の読者の4割強が課長以上の役職者だといわれています。実に多数の人が日経新聞を読んでいるわけで、ビジネス・パーソンにとっていかに不可欠な存在かが理解できます。

日経新聞の紙面ですが、活字は本文1行11字。1986年6月以前は、これが15字でした。読者に読みやすい紙面を提供する趣旨で、86年6月に1行14字、96年1月に1行12字、そして2002年4月には現在の1行11字へと活字の大型化が進められてきました。1行15字の時代と比べると、活字の大きさは縦が約1.35倍、横が1.3倍ですから、面積的には2倍近く大きくなっています。

1ページは15段、1段の行数は78行ですから、ページ数40ページとして、写真、グラフ、広告等も考慮しますと、朝刊の全文字数は約20万文字。新書本にして2冊分にも相当する量です。日経新聞からは、毎日届く朝刊だけで、これだけ膨大な情報が提供されています。

さらに、日経電子版への月間ページビューは約2億を超えます。ぜひ、ビジネスや日常生活に上手に生かしていきたいものですね。

データ出所は、
「日経メディアデータ」など

日経新聞の読み方

P18 日経新聞をどう読むか

P20 日経新聞朝刊の構成 1

P22 日経新聞朝刊の構成 2

P24 日経新聞週末版の構成

P25 コラム 読書の手引き

P26 その他の業界紙等

P28 Point Check!

日経新聞をどう読むか

1. 毎日読む習慣を身につける
2. 全部読もうとしない

毎日読む習慣を身につける

日経新聞は金融機関職員にとって不可欠な情報源。まず、「毎日読む習慣を身につける」ことから始めましょう。朝忙しくても工夫して時間をつくり、毎日継続して読んでいくことが、日経新聞を自分のものにする第一歩です。

なお、本書では朝夕刊の日経新聞紙を読むこともネットの電子版を読むことも「日経新聞を読む」と表現します。

全部読もうとしない

日経新聞には、一見とっつきにくい経済記事も凝集されています。しかも月曜以外の平日の朝刊は1日40ページほどの紙面構成です。これは文字数にして、新書本2冊分にも相当します。これを隅から隅まで読むには、かなり慣れた人でも、まともに取り組んでいたら、時間がいくらあっても足りないのは明らかです。ですから、大事なことは、「全部読もうとしない」こと。特に株式の個別銘柄欄などはじっくり「読む」ページではないでしょう。肩の力を抜いて、読める分だけ読めばよい、という姿勢が大切です。

紙面構成を理解する

全部読まないと決めた以上、どこを読むかというポイントはしっかりと押さえておく必要があります。そのポイントの第1は「紙面構成を理解する」こと。1面から総合、政治、経済と続き、最後は社会、文化で終わる大きな流れは最低限押さえておきましょう。また、曜日ごとの紙面構成の違い、どこにどんなコラムが掲載されているか、見出しやリードといった個別の記事の構成等を理解しておくことも大切です。

仕事に直接関係する記事は必ず読む

そのうえで、「自分の仕事に直接関係する記事は、必ず読む」こと。金融機関に勤める人、またはこれから勤めようとする人であれば、金融政策、金融行政、金融機関経営等に関する情報や、為替や金利の日々の動きはいち早く知っておく。このことの重要性はいまさらいうまでもないでしょう。朝はだれでも忙しいものですが、何をさておいてもここだけは読んでおくぞ、といった気構えが必要です。

人が読んでいそうな記事は可能な限り読む

さらに、「人が読んでいそうな記事は、可能な限り読む」こと。先輩や上司、さらにはお客さまとの何気ない会話のなかで、「そういえば、今日の日経新聞にこんな記事が出ていたね」といった話題が突然出てくることは珍しくありません。こんなときに備えて、1面の記事は、ざっとでよいから必ず目を通しておきましょう。また、日頃から周囲の人がどういう記事を読んでいるか、人気のある紙面やコーナーはどこか、アンテナを張っておくことも重要です。

重要な景気指標の特徴をしっかり理解する

日経新聞は、慣れれば決して難解ではありませんが、専門紙として経済記事のレベルが高いのは事実です。そこで内容を正しく理解するために、基本的な経済知識は身につけておかなければなりません。まず、「重要な景気指標の特徴をしっかり理解する」ことも大切です。さまざまな景気指標が毎日のように発表され、日経新聞に掲載されています。景気指標は、多様な経済活動を表したものですから、これほど興味深いものはありません。それに、重要な景気指標は、実はそれほど多くないのです。日経電子版メニューの「トップ」にある「指数一覧」タブをクリックすると右下の「便利ツール」→「統計・指標」、そして「経済指標ダッシュボード」として主要経済指標が一覧でき、各グラフやデータも表示されたり保存したりできます。何が重要な景気指標か、そしてどのような特徴をもつのかがわかります。

景気の基本的なメカニズムを理解する

次に、「景気の基本的なメカニズムを理解する」こと。金利が上昇したり低下したりすると、景気にどのような影響を与えるのか、為替が円高になったり円安になったりすると、企業の経営はどのような影響を受けるのか、逆に、景気が悪いときには政府や日銀はどう行動するのか、といったことはシンプルなセオリーとして頭に叩き込んでおくことが必要です。一見複雑にみえる経済の動きも、解きほぐしてみれば、複数のセオリーが絡み合っているのにすぎないことがほとんどです。自分が政策を動かすとすれば、何をどうすればよいのか、常に考えながら、日銀の金融政策や政府の財政政策に関する記事を読んでいけば、日本の経済の行方がみえてくるでしょう。

基礎的な経済の制度・仕組みを理解する

もう一つ加えるとすれば、「基礎的な経済の制度・仕組みを理解する」こと。たとえば、株式市場、金利・為替市場、商品市場などのマーケットでは、どのような仕組みで価格が決まるのか、どのような参加者がいるのか、国の予算の内容はどうなっていて、どのように決められているのか、企業の決算はどのように行われ、どのように決算書に反映されているのか、など。それぞれの分野でまとまった知識を身につけておけば、記事の内容がスムーズに頭に入ってくるようになります。これらは新聞を毎日読むうちに自然と覚えていく部分もありますが、断片的な知識になりがちなので、一度は入門書、用語集や通信教育などで体系的に整理しておくとよいでしょう。

日経新聞を読みこなす 10カ条

3. 紙面構成を理解する
4. 自分の仕事に直接関係する記事は、必ず読む
5. 人が読んでいそうな記事は、可能な限り読む
6. 重要な景気指標の特徴をしっかり理解する
7. 景気の基本的なメカニズムを理解する
8. 基礎的な経済の制度・仕組みを理解する
9. インターネットを積極的に活用する
10. 自分なりの読み方を確立する

インターネットを積極的に活用する

ＩＴ化の進展のなかで、情報源として不可欠なツールとなってきたインターネット。日経新聞を読むうえで、ぜひともお勧めしたいのが、「インターネットを積極的に活用する」ことです。日経新聞のサイトにアクセスし、最新のニュースをキャッチするもよし、官庁のサイトにアクセスし、制度状況や詳細な統計情報を入手するもよし、各企業のサイトにアクセスし、決算情報や年報を入手するもよし。それぞれのホームページの特徴を理解し、上手に活用すれば、記事をさらに立体的に理解することができるようになります。日経新聞サイトの日経電子版では、パソコンやタブレット、スマートフォンから最新ニュースを読んだり、無料または有料の会員限定記事が読めたり、過去記事の検索や保存のほか、さまざまな活用方法があります。

自分なりの読み方を確立する

以上をふまえて、最後に目標としたいのが、「自分なりの読み方を確立する」ことです。特定のテーマをもって必ず読む記事を決める、毎朝この紙面から読み始める、このコーナーは毎週切り取って手帳に貼り付けておく（または、電子版に保存する）、広告記事の動向に注目する、その日のうちに捨てずにとっておき、週末に1週間分をもう一度読み直す、など。いろいろ考えられますが、要は、自分にとって最も役に立つ情報源とするために、自分流の読み方をどうつくるかということです。自分なりのこだわりをもって臨むことが、日経新聞の価値を飛躍的に高めることにつながることでしょう。

日経新聞朝刊の構成 1

日経新聞ウィークデー朝刊の平均的な紙面構成

マクロからミクロへ、重大ニュースから順に

日経新聞ウィークデー朝刊の平均的な紙面構成は、下の図のようになっています。曜日によって構成は若干異なりますが、大きな流れとしては、「1面」→「総合」→「政治・外交」→「経済・政策」→「オピニオン」→「金融経済」→「グローバル市場」→「国際」→「ビジネス」→「投資情報」→「商品」→「マーケット総合」→「証券」といった順で、マクロからミクロへ、記事は重大ニュースから順に、というのが基本となっています。

逆三角形のルール

また、一つひとつの記事には「逆三角形のルール」というのがあって、結論や重要な点から先に書かれていますので、見出しやリード（前文）を読めばその記事の概要をつかむことができることも覚えておきましょう。

さて、マーケット関係の紙面については22～23ページで詳しく解説しますので、以下ではその他の紙面について簡単に解説しておきましょう。

1面

その日の重要な記事の要旨が、最上部と左欄外にまとめて掲載されています。そして、トップ記事は、日経新聞が選んだ最重要記事です。内容に詳細に目を通さなくとも、どんな記事が載っているか、最低限、見出しとリードには目を通しておきましょう。

なお、経済紙である日経新聞の1面記事は、朝日や読売などの一般紙と異なることが少なくないので注意が必要です。

総合・政治

1枚めくると、総合面。ここには、1面に掲載できなかった重要記事が掲載されています。コラムの「きょうのことば」には、1面の記事に登場した重要なキーワードや難解な用語が解説されていますので、ざっと目を通しておきましょう。次いで「政治・外交」面になります。

経済など

政府の経済政策や税制、年金問題、景気動向などマクロ情報に関する記事が掲載されています。景気指標に関する記事は、1面でなければ、基本的にここに掲載されています。

金融経済面は、金融ビジネス・サービス情報が中心で、銀行・保険・証券・ノンバンクなど金融機関の動向がわかります。

経済面は、金融機関に勤めるみなさんにとって必ず読んでおくべき重要な紙面です。

日経新聞の平均的な紙面構成（ウィークデー朝刊）

← 1ページ　　最終ページ

- 1面
- 総合（きょうのことば）
- 政治・外交
- 経済・政策
- オピニオン
- 金融経済・グローバル市場
- 国際
- ビジネス
- 投資情報
- 商品
- マーケット総合、データ
- 証券
- 経済教室
- テレビ・ラジオ
- 地域経済
- スポーツ
- 社会
- 文化（交遊抄、私の履歴書）

オピニオン

グローバルな視点から最新の記事を読み解く「オピニオン」が毎日掲載されます。日経の中核記者が書き下ろす長文コラムや英フィナンシャル・タイムズ紙、英エコノミスト誌の翻訳記事が読める充実した内容で、重要なニュースの背景にある本質的な問題などを知ることができるでしょう。

国際・ビジネス・投資等

国際面は世界の政治・経済・企業動向が掲載されているほか、「アジアBiz」で急速な成長が続くアジアでの企業の動きなどのビジネス情報が得られます。ビジネス面は国内企業・業界動向、投資情報面は企業の決算等の財務動向が、それぞれ掲載されています。金融マンにとっては、主として取引先企業や業界の関連情報を得るのに役に立つ紙面です。また人事情報は、社会面の弔事と合わせて要チェックです。

経済教室

経済教室面には、主として大学教授や官庁・シンクタンクのエコノミストが執筆する、読み切りの「経済教室」、連載ものの「やさしい経済学」、有識者たちの投稿による「私見卓見」等が掲載されています。日経新聞のなかでは最もアカデミックで、タイトルとは異なって内容は決してやさしくはありませんが、それだけにチャレンジのしがいがあります。興味のあるテーマのときには、ぜひトライしてみましょう。

地域経済・スポーツ・社会・文化

一般紙に比べスペース的にはコンパクトですが、いかにも日経新聞らしい紙面づくりが行われているのが、地域経済面から最終ページの文化面までの部分です。スポーツ面のコラムは、華やかな表舞台からはうかがい知ることのできない裏話や人間模様が描かれ、企業社会に生きるビジネス・パーソンにも参考になります。

最終面にありながら日経新聞の看板になっているのが、各界の著名人が交遊関係を紹介する「交遊抄」、政治家、経営者、文化人などが1カ月にわたって自らの人生を語る「私の履歴書」といったコラムです。同じ紙面にある連載小説と合わせ、ビジネス・パーソンに人気があるので、忘れずに目を通しておきたいものです。月～金の2週にわたって1人の専門家によって各10回連載される絵画等美術紹介は新鮮な切り口による解説が大変勉強になります。

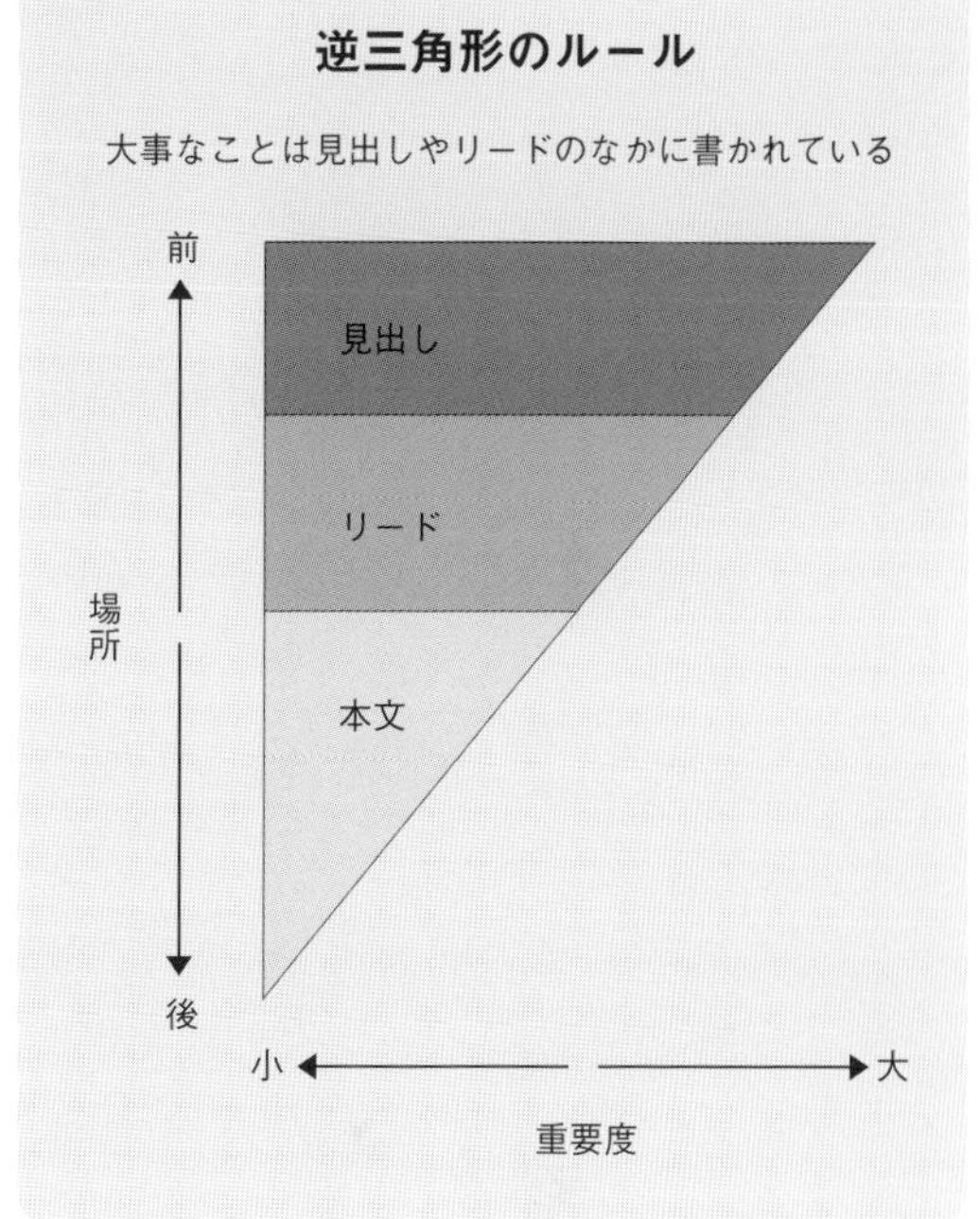

週明けの日経新聞

専門分野の記事

土・日には、経済の大きな動きはほとんどありませんから、月曜日の紙面には余裕があります。そこで、他のウィークデーとは異なる独自のコンテンツが用意されています。

法・税務といった専門分野の記事や、隔週で取り上げられるスタートアップ企業やさまざまなランキング、教育など多くの人に関係ある話題が掲載されているのです。

次世代を担う若者に

教育面では、大学関係者などが教育現場で起こっているさまざまな問題を深掘りし、これからの社会を担う若者に対する教育はどうあるべきか、現状の制度などはどうなっているのかなど、われわれ自身の問題として考える機会を与えてくれます。

また、隔週で取り上げられる人口減少と少子高齢化の影響を受ける未来図など、若者自身が社会に出るうえで参考になる情報が掲載されています。人気ジャーナリストによる大学講義の再現コーナーは、若者だけではなく中堅以上のビジネスパーソンにとっても有意義な内容になっています。

「ダイバーシティ」面

やはりビジネスにかかわるダイバーシティの視点での構成で、働く女性や男性、外国人、性的マイノリティなどが活躍できる観点の情報が掲載されています。

特に、休み明けの月曜日は気持ちを切り替え、朝刊にしっかりと目を通しておきましょう。

日経新聞朝刊の構成 2

マーケット総合

日経新聞の金融マーケットに関する情報は、「マーケット総合」と「マーケットデータ」（日経電子版では「指数一覧」）の2ページに集約されています。

前日の動き

「マーケット総合」では、株式を中心とした各マーケットの前日の動きが扱われています。特に、株式の売買は短期投資の対象ともなるため、株式市場の日々の動きは多くの投資家の注目を集めています。本文記事欄に前日の市場取引の様子が、目立った銘柄の動きを中心に解説されています。株式市場を理解するには、株価指標等の知識が不可欠なので、代表的なものについては整理しておくとよいでしょう。また、金融市場の目立った動きや今後の展望について、かなり突っ込んだ解説がなされているので、参考にするとよいでしょう。

株価には、政治、経済、社会のすべての動きが反映されますが、マーケット関係者の注目の度合いによって各要因の影響度は変わっていきます。紙面では、株式市場を中心とした各マーケットで話題となっているテーマについて、マーケット関係者のコメントを交えながら解説しているので、相場の先行きを考えるうえで参考になるでしょう。

大機小機

忘れてならないのが、社内外のエコノミストが匿名で寄稿している「大機小機」です。マーケット総合面の売りものの一つで、金融に限らず、広く経済全般に対する専門家の考え方を覗くことができる貴重なコラムとして、多くの読者を引きつけています。

マーケットデータ

「マーケットデータ」は、株式市場のほか、外国為替市場、短期金融市場、債券市場など、為替と金利に関する情報が扱われている紙面です。上囲み「市場体温計」には、前日の日経平均株価（⇩単語集）、売買代金、時価総額など株式市場の各種指標やＪＰＸ日経インデックス（⇩単語集）、国内株式各種指数、アジア株、外国為替、金利等の主要指標が一覧形式で掲載されています。

主要指標

マーケットデータ面の中央から下半部に各市場の主要指標が掲載されています。「商品先物」「株式指数先物」などはかなり専門的な数値があげられています。ほかに「外為市場」「短期金融市場」「債券市場」の各指標が掲載されています。

外国為替市場

それぞれの金融市場について、簡単に説明しておきましょう。まず、外国為替市場ですが、この市場は証券取引所のように特定の建物を設けず、コンピューターのネットワークなどを用いた通信回線上のマーケットとして存在しています。外国為替市場は、インターバンク市場と対顧客市場の二つに分けることができます。金融機関相互間の取引はインターバンク市場と呼ばれ、金融機関の間で直接取引を行うケース（ダイレクトディーリング）と為替ブローカーが仲介するケースとがあります。一方、金融機関と一般顧客との間で通貨の売買を行う市場を、対顧客市場と呼んでいます。

インターバンク市場の相場

「外為市場」の欄に掲載されている円相場は、インターバンク市場の相場です。ここでは終値（午後5時時点の相場）、寄付（よりつき）（午前9時時点の相場）、高値、安値、中心（その日のうちで最も取引が多かった相場）が掲載されています。終値と寄付については、たとえば「１２８・80―１２８・82」といった具合に二つの相場が並んでいますが、これは「気配値（けはいね）」といって、売る側と買う側の希望する値段を示しています。この例だと、1ドル１２８円80銭ならドルを買いますよ（ドルの買い気配値）、1ドル１２８円82銭ならドルを売りますよ（ドルの売り気配値）ということです。

対顧客市場の相場

対顧客市場の相場は、インターバンクの相場を参考に決められており、「マーケットデータ」の紙面の「外為対顧客電信売相場」の欄に各国通貨別に掲載されています。銀行の窓口で円貨を外貨に換えるなどのときに用いられるのが、この電信売相場（ＴＴＳ）です。

金融・債券市場

次に、金融市場と債券市場ですが、対象とする資金の満期までの期間によって、短期（期間1年以内）の資金を取引する短期金融市場と、長期（期間1年超）の資金を取引する長期金融市場に分かれています。

金融市場

金融市場は、インターバンク市場とオープン市場からなっています。インターバンク市場は、金融機関相互の間で短期的な資金の運用や調達を行う金融市場であり、中心はコール市場とＴＩＢＯＲ（⇨単語集）です。コール市場では、その名前の由来の通り（money at call 呼べば直ちにくる資金の意味）、翌日決済など期間の非常に短い取引が行われています。

ＴＩＢＯＲは、それより少し長い1週間、3カ月や6カ月取引の金利です。ＴＯＲＦ（東京ターム物リスク・フリー・レート）は、２０２１年末に廃止になったＬＩＢＯＲの代替となる日本円の金利指標の一つで、銀行間取引の翌日物金利をもとに算出された1、3、6カ月物金利です。

オープン市場とは、金融機関だけでなく、一般の企業なども幅広く取引に参加できる市場です。主要なものとしては、銀行がＣＤ（譲渡性預金）を発行して資金を調達したり、企業がＣＤを購入したりすることで資金を運用するＣＤ市場、企業がＣＰ（コマーシャル・ペーパー、短期・無担保の約束手形）を発行することによって資金を調達するＣＰ市場、政府がＦＢ（政府短期証券）やＴＢ（短期割引国債）を発行することによって資金を調達するＦＢ市場、ＴＢ市場、債券売買のかたちをとって短期間の資金の調達・運用を行う債券現先市場などがあげられます。

債券市場

債券（国債、社債など）を取引する債券市場と、株式を取引する株式市場をあわせて証券市場といいます。また、証券市場は、新たに発行される有価証券（新規発行証券）の売出しが行われる発行市場と、すでに発行済みの有価証券（既発行証券）の売買が行われる流通市場とに分けられます。

一般に債券は償還までの期間が長いため、必要なときに売却して資金化できる流通市場の意義は大きいといえましょう。また、流通市場は、売買を通じて、債券の価格や利回りの実勢を明らかにするという役割も果たしています。

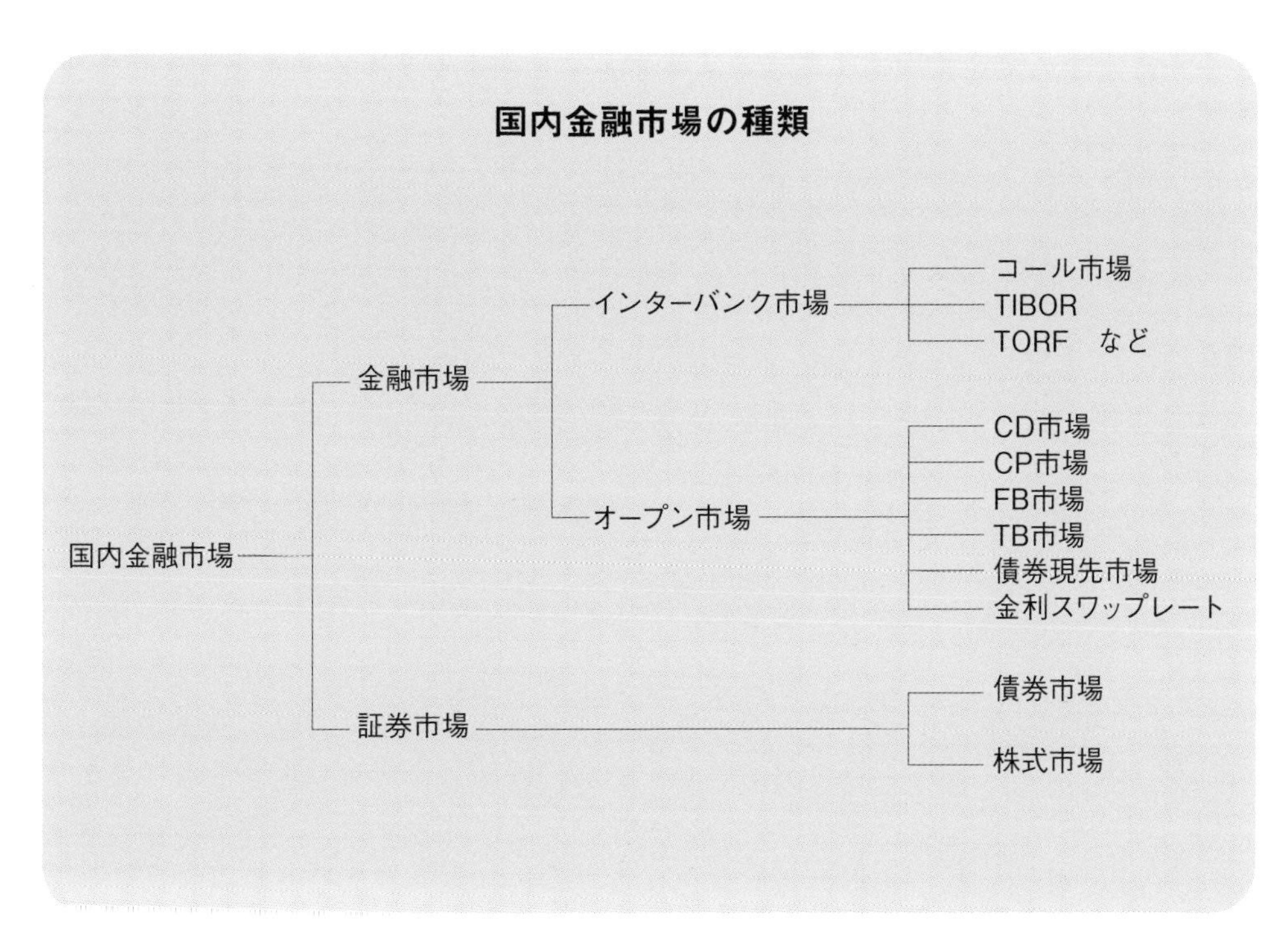

日経新聞週末版の構成

ウィークデーとは異なったつくり方

週末の過ごし方は人それぞれ。スポーツや音楽、ショッピングなどでリフレッシュされる人も多いと思いますが、少しまとまった時間をつくって、日経新聞で過ぎ去った1週間を振り返るのも有意義な使い方ではないでしょうか。日経新聞のウィークデーの朝夕刊をじっくり読み直したり、これはと思った記事はスクラップをつくったり、たまったスクラップを整理したり。なお、日経電子版には記事を保存する機能があり、一万件まで可能です。

さて、日経新聞の紙面も、週末の土・日は、ウィークデーとは異なったつくり方がされています。

そのなかでも、その週の国内外の主要な動きを概観している日曜朝刊総合面の「今週の予定」は重要です。内容は多岐にわたっていますが、重要な国際会議や統計の発表が太字になっています。時々刻々変化する情報を先取りしていくためにも、この表を活用して、その週の重要な予定を正確に把握しておきましょう。

土曜日の紙面

土曜は、総合、国際、ビジネス、マーケットなどのニュースのほかに、医療・健康、読書、詩歌・教養といった特集記事が掲載されています。また、「マネーのまなび」の欄では資産運用や年金・保険・資産形成の情報を中心に、相続や不動産売買に関する税務や法律などのテーマも取り上げられます。しかも、時々の話題に合ったテーマが選定されています。金融機関に勤めている人であっても、日頃、自分自身の貯蓄から年金、保険、退職金、住宅ローンなどや、それらにかかわる税金などを考える機会が少ない人にうってつけですし、頻繁に変わる制度をわかりやすくまとめてくれているので業務知識の確認にも有意義です。

日経プラス1

また、土曜朝刊には、別刷りの「日経プラス１」がついてくるのも大きな特徴です。

紙面構成は、前から順に「何でもランキング」「学んでお得」「買い物上手」「週間番組表」「カラダづくり」「食や旅など」「くらし探検隊」「すっきり生活」などとなっています（２０２３年5月現在）。

しゃれたネーミングからも想像がつくように、紙面の内容は仕事から少し離れた生活に密着した話題が中心です。ビジネス・パーソンも、基盤となる健康や家庭生活が充実し、安定していることが求められます。日経プラス1は、オフを楽しむための情報を提供しているだけではなく、知っているようで意外に知らない暮らしの常識や世の中の潮流を紹介する実用情報が満載です。家族との会話や職場のランチタイムなどの話題づくりにも役立つかもしれません。

日曜日の日経新聞

日曜版にも通常の記事以外に、休日向けの大きな特集が組まれています。それが「ＮＩＫＫＥＩ Ｔｈｅ ＳＴＹＬＥ」です。

「ＮＩＫＫＥＩ Ｔｈｅ ＳＴＹＬＥ」は、旅、グルメ、ファッション、文化・芸術などのライフスタイルに関する情報を紹介する12～16ページのとじ込み版です（広告ページを含む）。高級白色紙を使用し、カラー写真を大胆に使った紙面は大判の生活雑誌をみるようです。日経新聞の読者層は他紙と比べて富裕層が多く、この特集は特にこれらの人たちをターゲットとしているということです。

生活や趣味の観点からの記事が中心ですが、これらもビジネス・パーソンとして知っておくことが望ましい教養ということができます。また、各年代に応じた読み方もあると思います。いずれにせよ、仕事だけではない、芸術・文化など暮らしを豊かにする情報が盛りだくさんに掲載されています。

近時、どの職場でも働き方改革やワークライフバランスが重要視されています。週末は、仕事から離れた時間を過ごすことでリフレッシュしたいものです。しかし、2017年までの日経新聞日曜版は、美術、書評欄や医療・ヘルスなどのコーナーもあると同時に、政治・経済に関する重みのある特集記事など盛りだくさんでした。筆者も平日より日曜版を読むほうにはるかに多くの時間を割いていました。しかし、現在では、これらの記事を月曜と土曜だけではなくオピニオンなどとして平日にも分散しています。

読者のみなさん、週末くらい日経新聞の経済記事から距離をおくのもいいですよね。

コラム 読書の手引き

経済や産業の動向を深く知識として身につけるためには、新聞や雑誌から情報を得るだけではなく、専門書に真剣に取り組むことも必要です。しかし、日々、大量の書籍が発刊される現代では、どれを選択すればよいのか迷ってしまうのも事実です。そこで、新聞や雑誌の書評欄を参考にするのですが、各新聞では週末に充実した書評を掲載しています。なかでも日経新聞土曜版の「読書」欄は、おもに経済や産業の視点から有益な書籍を選定しています。

まず、最近の話題（金融経済の動向、国内外の政治情勢や社会問題など）に関係した複数の書籍を各業界の第一人者が鳥瞰的に解説したり、1カ月間の経済諸論文を経済学者が評価したりする特集は読み応えがあります。また、やはり経済学者、政治学者が専門分野の書籍を1冊選んで解説するコーナーや高名な経営者の読書歴の紹介（リーダーの本棚）等があります。そして、2面にわたって専門家や日経の記者たちによる多くの書評が掲載されています。

また、経済誌や週刊金融財政事情などの書評欄はかなり充実しているので参考になります。

年間ベスト経済書

毎年、12月になると日経新聞では「エコノミストが選ぶ経済図書ベスト10」が発表されます。著名な経済学者やエコノミスト15名の選者にそれぞれベスト10をあげてもらい、順位の高さや推薦者の数などをもとにランキングを作成するものです。週刊ダイヤモンドでも経済学者や経営学者、エコノミスト約100人が選んだその年の「ベスト経済書」が掲載されます。

ちょうど年末年始の休暇前に発表されるので、お正月にこれらのなかから自分の興味があるものを読んでみてはどうでしょうか。

電子書籍

紙の書籍には愛着がわくなどそれなりによいところがありますが、増えてくるとかさばって収納場所に困ることもあります。場所を選ばずにスマホやタブレットで簡単に読める電子書籍はとても便利で、徐々に販売比率も増えているようです。パソコン、スマホやタブレットにアプリをダウンロードして、電子書籍を販売するサイト「電子書籍ストア」から読みたい書籍を購入します。

一度読んだらもう読まないだろうというビジネス書などのなかには電子書籍が向いているものがあるでしょう。ただし、長年親しまれている名著や引用の多い著書は電子化されていないこともあるので注意しましょう。

要約サイト

日々多量のビジネス書が出版されています。それらのいくつかを読むのでも時間が足りません。そこで、ビジネス書の要約サイトを利用している人もいるようです。いくつかのサイトがありますが、料金だけではなく、信頼のおける要約の内容になっているか、原書の著者や出版社の許可や確認があるかなどが選択するポイントになるでしょう。

毎日の時間を有効活用して、良質で多くの知識や情報を身につけたいものです。

その他の業界紙等

より、突っ込んだ情報

日経新聞以外にも、みなさんにとって有用な新聞や雑誌がたくさんあります。新聞協会のアンケート（下表参照）によると、知的さ、情報の整理や仕事への有益さなどは新聞の評価は高いのですが、社会的影響力やわかりやすさなどはテレビのほうに軍配が上がります。なお、ほとんどの紙誌は電子版などネットでも情報を提供しています。

日経ヴェリタス

日経新聞以外の有益な新聞としては、日経新聞社による「日経ヴェリタス」があげられます。これは日曜日に届けられる週刊の投資金融情報紙です。専門記者によるコラムや、内外金融資本市場の流れを深読みできるマーケット情報、投資に役立つ企業情報、専門家の相場観や資産運用情報が入手できます。ネットでは、ＩＤ・パスワードにより読者限定の最新情報にアクセスできます。

ニッキン

「ニッキン」という週刊新聞も、いろいろな金融機関の業態のトピックスを知るのに有効です。特に、日経新聞ではあまり取り上げられない地方銀行や信金、信組等の「リージョナル・バンク」に関する報道に特徴があります。また、年に何回か、記者が一般顧客をよそおって、金融機関の支店窓口を訪れ、そのサービスを調査し採点した比較結果を公表していて、現場の人々は大変気にしているようです。

その他の専門紙や地方新聞

みなさんが融資や審査等の担当になったら、それぞれの担当する業界の専門紙を読むことをお勧めします。まず、日経新聞社に「日経産業新聞」と「日経ＭＪ（流通新聞）」という専門紙があります。前者は、各業界別の企業情報を掲載したビジネス情報専門紙で、製造からサービスまでビジネスの各分野に関する解説を提供しています。日経ＭＪは、生活産業を広範囲にカバーする消費と流通、マーケティング情報に特化した新聞です。そのほかにも「日刊工業新聞」という産業新聞が発行されています。

業界紙

また、特定の業界の専門紙もあります。たとえば、電力業界ならば「電気新聞」です。

みなさんが、東京以外の地域

メディアに対する印象と評価（抜粋）

（単位：%）

	新聞	テレビ	ネットニュース
知的である	60.3	25.7	14.8
安心できる	49.9	41.3	18.0
情報が正確	47.3	38.0	19.8
情報の信頼性が高い	45.5	37.8	20.3
教養を高めるのに役立つ	45.3	31.9	30.3
情報が整理されている	43.6	37.8	25.2
地域に密着している	41.8	30.1	18.1
読んだことが記憶に残る	40.0	44.8	37.5
情報が詳しい	36.4	37.7	37.6
情報の重要度がよく分かる	36.5	43.5	21.7
社会に対する影響力がある	36.1	66.8	41.7
物事の全体像等把握できる	36.3	43.4	24.8
情報源として欠かせない	33.0	53.0	46.7
仕事に役立つ	34.8	34.0	36.8
分かりやすい	29.5	58.2	37.5

（注） 全国の 15 歳以上 79 歳以下の男女 1200 人を対象
出所：日本新聞協会「新聞オーディエンス調査 2023」をもとに筆者作成

金融ビジネス・パーソンに役立つおもな金融経済雑誌

- 日経ビジネス
- 週刊東洋経済
- 週刊ダイヤモンド
- 週刊エコノミスト
- 週刊金融財政事情
- 月刊金融ジャーナル
- ニューズウィーク日本版
- DIAMOND ハーバード・ビジネス・レビュー

で働いている場合は、日経新聞の地方版だけでは得られない、その地域の企業や地場産業、地方公共団体の動向に関する情報を幅広く渉猟（しょうりょう）することが求められます。そのためには、地方紙の購読が大変有効です。筆者もかつて中部地方の支店勤務のときに中日新聞、中部経済新聞や伊勢新聞などを読んで、新しい情報を得たり、話題として利用したりして、地元のお客さまと非常に親しくなった経験があります。

その他の日経新聞ツールの利用の仕方

有料登録のＮＩＫＫＥＩ Ｆｉｎａｎｃｉａｌは、ウェブサイトやニューズレターにより、各金融業界の経営や専門性の高い情報や国内外の記者の展望が入手できます。

「聴く日経」は、平日の日経新聞朝刊から選ばれた約16本の企業ニュース・経済ニュースをコンパクトに伝えているもので、ポッドキャスト形式で配信されています。オーディオブックのポータルサイトに有料で登録することで聴けます。また、スマートフォンにも配信しています。新聞を広げることのできない通勤の満員電車などでも主要記事の内容を押さえることができます。

「日経テレコン」などの検索サイトも有益です。また、以下で述べるようなさまざまな雑誌や経済関係の書籍を発行しており、私たちのビジネスとは切っても切れない情報会社といえます。

雑誌

「週刊金融財政事情」は金融の専門週刊誌（定期購読誌）です。金融機関経営をはじめ、金融行政・金融政策に関する最新動向など、その時々の金融トピックスに関する専門家による解説記事や論文など読み応えのある文章が目白押しです。また、色刷り用紙で構成されている「営業店コーナー」では、地域金融機関の支店長による支店経営に関する記事があったり、複数の支店長による覆面座談会で支店経営や本部調整の苦労話等が紹介されていたり、広く人気を集めています。みなさんもこれを読んで、将来の仕事像をつくっておくことは今後の仕事を発展させるのに大変有意義と考えられます。

金融に関する他の雑誌では、アカデミックな編集を基調に、中期的展望を追求するニッキングループの金融専門誌「月刊金融ジャーナル」があります。幅広い記事や論文を掲載していますが、地域金融機関の経営等に関する特集は読み応えがあります。また、12月発行の増刊号「金融マップ」は、都道府県ごとの切り口で地方銀行等の金融機関の「勢力状況」をわかりやすく分析しています。

また、「週刊東洋経済」「日経ビジネス」「週刊エコノミスト」「週刊ダイヤモンド」は4大経済誌と呼ばれており、毎週、わが国の経済や産業の動向に関する特集に工夫がこらされています。各誌とも冒頭の20ページくらいまでに最新のトピックスが掲載されていますが、新聞報道では知ることのできない情報の核心や底流を得ることができますので要チェックです。そのほかにも、マネー情報誌の「日経マネー」や流行情報誌の「日経トレンディ」から業界専門誌までさまざまな専門誌があります。これらの雑誌の多くがインターネットでも講読できるようになっています。

日経新聞グループの主要な雑誌（一部）

＜ビジネス・経営＞	＜マーケティング＞
日経ビジネス	日経クロストレンド
日経トップリーダー	日経デザイン
日経ESG	日経不動産マーケット情報
日経FinTech	＜電子・機械＞
	日経エレクトロニクス
＜IT・コンピュータ＞	日経ものづくり
日経コンピュータ	日経Automotive
日経パソコン	日経Robotics
日経NETWORK	＜医療・介護・バイオ＞
	日経ヘルスケア
＜建築・建設・不動産＞	日経ドラッグインフォメーション
日経アーキテクチュア	＜ライフスタイル＞
日経コンストラクション	日経TRENDY
	日経マネー
	ナショナルジオグラフィック日本版

金融財政事情研究会の雑誌

- 週刊　金融財政事情
- 金融法務事情
- 月刊　消費者信用
- KINZAI Financial Plan
- 月刊　登記情報
- 季刊　事業再生と債権管理

**Q1 ～ Q10 のうち
正しいものは、どれでしょうか？**

Q1 日経新聞ウィークデー朝刊の平均的な紙面構成は、ミクロからマクロへ、記事は重大ニュースほど後に、が基本です。

Q2 見出しの最後が「へ」「も」「か」で終わる記事には裏付けのないものもあるので注意が必要です。

Q3 一つひとつの記事は、「逆三角形のルール」に従って結論や重要な点が最後に書かれていますので、本文を丹念に読まなければ、その記事の概要をつかむことはできません。

Q4 金融機関と一般顧客との間で通貨の売買を行う市場を、インターバンク市場と呼んでいます。

Q5 特定の商品や政策などを実態以上に持ち上げた印象を与える記事は、提灯記事と呼ばれます。

Q6 証券市場は、新たに発行される有価証券の売出しが行われる発行市場と、すでに発行済みの有価証券の売買が行われる流通市場に分けられます。

Q7 かつて日経新聞紙面にあった市場データや統計指標は、どんどん電子版に移行しています。

Q8 金融関係の専門紙誌は、「日経新聞」と「週刊エコノミスト」だけで、ほかにはありません。

Q9 日経新聞の土曜日の「プラス1」や日曜日の「NIKKEI The STYLE」など、家庭生活や余暇・趣味を重視する紙面が増えています。

Q10 オープン市場とは、ベンチャー企業など若い企業が多く上場している市場のことをいい、東京証券取引所のグロース市場がその代表です。

正解

Q1 × マクロからミクロ・重大ニュースから順にが基本。
Q2 ○
Q3 × 逆三角形のルールは結論や重要な点が先に書いてあります。
Q4 × 対顧客市場の誤り。
Q5 ○
Q6 ○
Q7 ○
Q8 × 金融専門の新聞には「日経ヴェリタス」等がありますし、雑誌には「週刊金融財政事情」等があります。
Q9 ○
Q10 × オープン市場は短期金融市場の一つ、解説は新興株式市場のこと。

経済情報などの基礎知識

P30 景気指標を理解しよう 1

P32 景気指標を理解しよう 2

P34 統計数値を理解しよう

P36 金融マーケットの動きを理解しよう

P38 金融政策を理解しよう

P40 Point Check!

景気指標を理解しよう１

GDP

景気の状況を示す最も代表的な統計といえば、GDP（Gross Domestic Product：国内総生産）です。GDP発表時には、日経新聞でもかなりの紙面を割いて報道されますので、記事の内容が十分理解できるよう、正確な知識をもっておきたいものです。すべての景気指標の基本として、ここでは少し詳しくみていくことにしましょう。

GDPは、国内の経済活動全体の成果を示す代表的な指標であり、景気の好不況や経済成長率などは、通常このGDPをもとに議論が行われます。

四半期ごとに速報

GDPは、内閣府から四半期ごとに速報のかたちで発表されています。1次速報値の公表は、通常2、5、8、11月というスケジュールです。ですから、たとえば1～3月期の数字が明らかになるのは、5月の中旬頃ということになります。速報値の発表が諸外国に比べ遅いのではという声を受け、以前に比べ、発表は早まりましたが、その分、統計の精度が落ちるので、1次速報値の後、基礎データを補充して2次速報値が1カ月後に発表され、確報は当該年度が終了してから約8カ月後（例年12月頃）に発表されるため、速報値とのかい離が大きいと問題視されることがあったり、時間がかかるとの批判もあります。

三面等価の原則

さて、GDPは、日本国内において、一定期間に「新しく生み出された商品・サービス（＝付加価値）」を集計したものです。生産によって生み出された付加価値は、雇用者の賃金や企業の利益などのかたちで分配され、最終的にはそれが国内の家庭、企業、政府の支出、および海外の企業、家庭の支出として使われることになります。ですから、GDPは「生産」されたとき、「分配」されたとき、「支出」されたときの、どの時点で切ってみても必ず等しくなるはずです。これを「三面等価の原則」と呼んでいます。速報では集計のしやすさということもあって、おもに支出面から統計を作成しています。

そこで、支出面からGDP統計をみますと、次の式のようになります。

GDP＝
民間部門（個人消費＋設備投資＋住宅投資＋民間在庫投資）＋政府部門（政府最終消費支出＋公共投資など）＋海外部門（輸出－輸入）

国内総生産の主要な項目

国内総生産（GDP）	項目	
	個人消費（民間最終消費支出）	
	設備投資（民間企業設備投資）	
	住宅投資（民間住宅投資）	
	民間在庫投資（民間企業在庫品増加）	
	政府最終消費支出	
	公共投資（公的固定資本形成）	
	純輸出（輸出－輸入）	輸出（財貨・サービスの輸出）
		輸入（財貨・サービスの輸入）

主要な項目

各部門の主要な項目は、以下の通りです（カッコ内は統計上の名称です）。

個人消費（民間最終消費支出）

個人による食料品や衣料品、耐久消費財、各種サービスなどに対する支出です。日常の支出が中心ですから、他の項目に比べ比較的動きが安定しています。ＧＤＰ全体の約50％以上を占める（２０２２年は55％）大きな項目で、わずかな変動がＧＤＰ全体に大きな影響を与えます。

設備投資（民間企業設備投資）

企業の設備投資（工場、店舗、機械など）に対する支出であり、例年ＧＤＰの約15％を占めています。企業の経営者の将来見通し次第で大きく変動します。

住宅投資（民間住宅投資）

個人や企業による住宅建設のための支出です。住宅ローン金利や地価の動きに敏感に反応します。ＧＤＰに占めるウエイトは例年３％程度です。

民間在庫投資（民間企業在庫品増加）

企業がもつ原材料や仕掛品、製品などの在庫品の増減のことです。ＧＤＰに占めるウエイトはプラスマイナス１％程度と小さいものの、景気の局面によって大きく変動するのが特徴です。

政府支出（政府最終消費支出）

国や地方公共団体からの医療保険の公的負担部分や教育、警察などの公共サービスのことです。ＧＤＰに占めるウエイトは例年20％近くにのぼり、５％程度の公共投資を大きく上回っています。

公共投資（公的固定資本形成）

政府や地方自治体などによる道路や橋などの公共投資に対する支出です。景気刺激のための財政政策の一手段として、不況時には政策的に増額されます。

輸出（財貨・サービスの輸出）

海外への輸出額です。商品だけでなく、サービス（運送、金融、通信など）の輸出も含みます。海外の景気や為替レートの動向に影響されて変動します。

輸入（財貨・サービスの輸入）

日本国内への輸入額です。輸入は日本国内で生産されたものではありませんので、マイナスの項目となります。ですから、「輸入が増えると成長率が低下する」わけです。

ほかに公的在庫投資（公的在庫品増加）があります。また、各項目の総称として、民間部門と政府部門を合わせた「内需」（⇩単語集）、輸出から輸入を差し引いた「外需」（⇩単語集）という言い方もよく使われます。

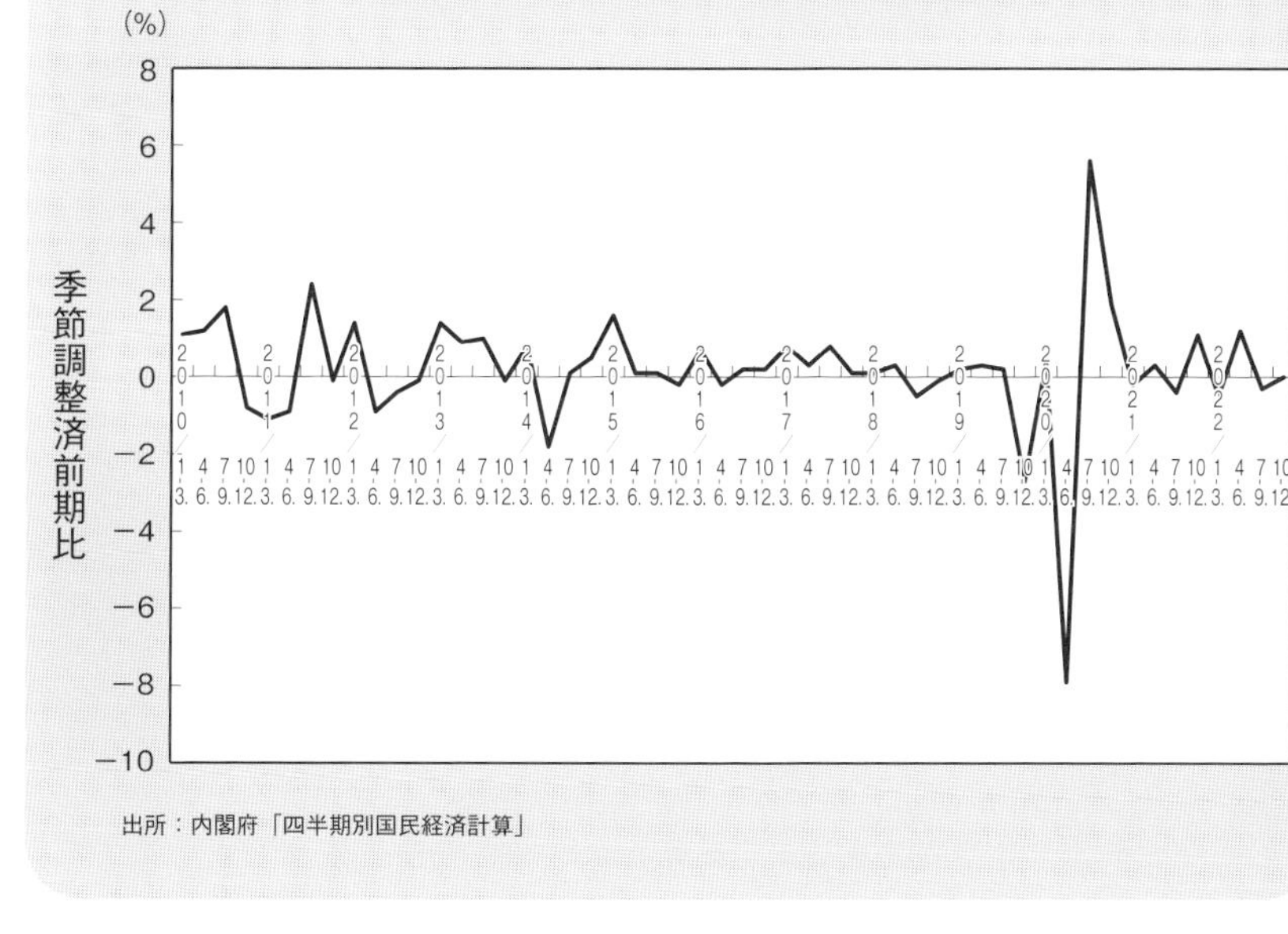

上図は、２０１０年以降の実質ＧＤＰの季節調整済前期比の伸び率をグラフにしたものです。前期比の伸び率は期によって振れがあるのですが、リーマン・ショック（⇩単語集）の影響で２００９年初めと東日本大震災の２０１１年３月は、大きくマイナスになっていました。

２０１２年12月以降のアベノミクス（⇩単語集）効果で景気の回復傾向がみられましたが、２０１４年４月と２０１９年10月の消費税増税や台風の被害の影響も現れています。そして、２０２０年は新型コロナウイルス感染症の影響で大きく上下に振れています。２０２０年は新型コロナウイルス感染症の影響で大きく上下に振れています。２０２２年のＧＤＰ国内総生産（支出側）は、やはり新型コロナウイルス感染症の影響や円安による輸入価格の上昇もあり実質で前年比１・０％増、名目で１・３％増となり、実質ＧＤＰは５５９兆円、名目ＧＤＰは５７２兆円と過去最高を更新しました。

景気動向指数と景気循環

GDPと並んで景気の動きを示す代表的な指標として景気動向指数と日銀短観があります。

内閣府の公表する景気動向指数は、全般的な景気の方向を把握するために、さまざまな景気指標の動きを統合することによって作成されています。

景気動向指数には、コンポジット・インデックス（CI）とディフュージョン・インデックス（DI）があります。

利用の仕方

CIとDIには、それぞれ、①景気に対し先行して動く「先行指数」（10指標）、②ほぼ一致して動く「一致指数」（11指標）、③遅れて動く「遅行指数」（9指標）の3種類があります。

景気の現状把握には一致指数を利用し、先行指数は、一般的に一致指数に数カ月先行することから、景気の動きを予測する目的で利用されます。遅行指数は、一般的に一致指数に数カ月から半年程度遅行することから、事後的な確認に用いられます。

CIは、各指標の変化率を合成する統計的処理を行い、主として景気変動の大きさやテンポ（量感）を測定することを目的としています。一般的に、一致CIが上昇しているときは景気の拡張局面、低下しているときは後退局面であり、一致CIの動きと景気の転換点はおおむね一致します。一致CIに関する内閣府の基調判断は、市場から注目されています。

DIは採用指標（鉱工業生産指数、耐久消費財出荷指数、労

景気動向指数：CI一致指数の推移

（2015年=100）

凡例：一致指数／同・3カ月後方移動平均／同・7カ月後方移動平均

横軸：2020年・2021年・2022年・2023年（各1〜12月）、縦軸：70〜110

出所：内閣府経済社会総合研究所「景気動向指数／令和５（2023）年２月分（速報）の概要」

景気基準日付

	谷	山	谷	期間		（参考好況・不況の名称	
				拡張	後退	山	谷
第１循環		1951年６月	1951年10月		４カ月	特需景気	
第２循環	1951年10月	1954年１月	1954年11月	27カ月	10カ月		
第３循環	1954年11月	1957年６月	1958年６月	31カ月	12カ月	神武景気	なべ底不況
第４循環	1958年６月	1961年12月	1962年10月	42カ月	10カ月	岩戸景気	
第５循環	1962年10月	1964年10月	1965年10月	24カ月	12カ月	オリンピック景気	証券不況
第６循環	1965年10月	1970年７月	1971年12月	57カ月	17カ月	いざなぎ景気	
第７循環	1971年12月	1973年11月	1975年３月	23カ月	16カ月	列島改造景気	
第８循環	1975年３月	1977年１月	1977年10月	22カ月	９カ月		
第９循環	1977年10月	1980年２月	1983年２月	28カ月	36カ月		
第10循環	1983年２月	1985年６月	1986年11月	28カ月	17カ月		円高不況
第11循環	1986年11月	1991年２月	1993年10月	51カ月	32カ月	平成景気	平成不況
第12循環	1993年10月	1997年５月	1999年１月	43カ月	20カ月		同上
第13循環	1999年１月	2000年11月	2002年１月	22カ月	14カ月		同上
第14循環	2002年１月	2008年２月	2009年３月	73カ月	13カ月	いざなみ景気	世界同時不況
第15循環	2009年３月	2012年３月	2012年11月	36カ月	８カ月		
第16循環	2012年11月	2018年10月	2020年5月	71カ月	19カ月		

DI（一致指数）時系列グラフ

出所：内閣府経済社会総合研究所「景気動向指数／令和５（2023）年２月分（速報）」より作成

働投入量指数、商業販売額等）のうち改善している指標の割合のことで、景気の各経済部門への波及の度合いを表します。月々の振れはありますが、一致DIは、景気拡張局面では50％を上回り、後退局面では下回る傾向があります。

CIは、DIでは計測できない景気の山の高さや谷の深さ、拡張や後退の勢いといった景気の「量感」を計測することができ、CIのほうが重視されています。

景気循環

景気には、回復、好況、後退、不況の四つの局面があり、これを「景気循環」と呼んでいます。

好況から後退への転換点を「景気の山」、不況から回復への転換点を「景気の谷」といいますが、内閣府では、景気の転換点を景気基準日付として公表しており、その際の判断の決め手となるのが、ヒストリカルDIです。

基本的には、ヒストリカルDIが50％ラインを下から上へ切る前に「景気の谷」が、反対に50％ラインを上から下へ切る前に「景気の山」があると考えられており、他の主要経済指標の動向や専門家の意見などを参考にして決定されます。

２０２３年現在の日本経済は、戦後から数えて第16循環目の後にあるといわれています。16循環の始まりの谷は２０１２年11月とされています。２０１２年末頃からアベノミクス効果もあり、拡張傾向にありましたが、新型コロナウイルス感染の影響により、内閣府は第16循環の景気の山を２０１８年10月に、谷を２０２０年5月に設定しました。

日銀短観（業況判断ＤＩ）

「日銀短観（企業短期経済観測調査）」は、景気や企業業績に関する全国の企業経営者の見方を把握するために日本銀行が行っているアンケート調査です。調査は年4回、3、6、9、12月に実施され、調査月の翌月初（12月分のみ調査月央）に集計結果が公表されています。１９５７年以来長い歴史をもち、情報量の豊富さと速報性を併せ持った信頼度の高い調査です。

調査対象は、資本金２０００万円以上の全国民間企業（金融機関は補完的に別計上）のなかから抽出した約1万社で、アンケートの内容は、①業況、②製品需給および在庫水準、③雇用、④企業金融などについて企業自身の判断（「良い」あるいは「悪い」、または「過剰」あるいは「不足」など）を聞いたり、⑤設備投資、⑥企業収益、⑦生産および売上げなどについて、実績値や計画値を聞いたりするものです。

そのうち、判断を聞く項目については、数量的な把握が可能なように、景気動向指数に類似した判断指数（DI、ディフュージョン・インデックス）が作成されています。

作成方法は、きわめてシンプルで、たとえば、業況判断DIの場合、「良い」「さほど良くない」「悪い」の3種類の選択肢のうち、「良い」と答えた企業が50％、「さほど良くない」と答えた企業が30％、「悪い」と答えた企業が20％あったとしますと、「良い」の50％から「悪い」の20％を差し引いた30％がDIとなるわけです（「さほど良くない」の割合は考慮しません）。したがって、好況で景気が「良い」と答える企業が多いほどプラスの値が大きくなり、不況で景気が「悪い」とマイナスの値が大きくなる仕組みとなっています。

短観のなかでは、この業況判断DIが、企業の景況感の変化を敏感に示すものとして最も重要視されています。

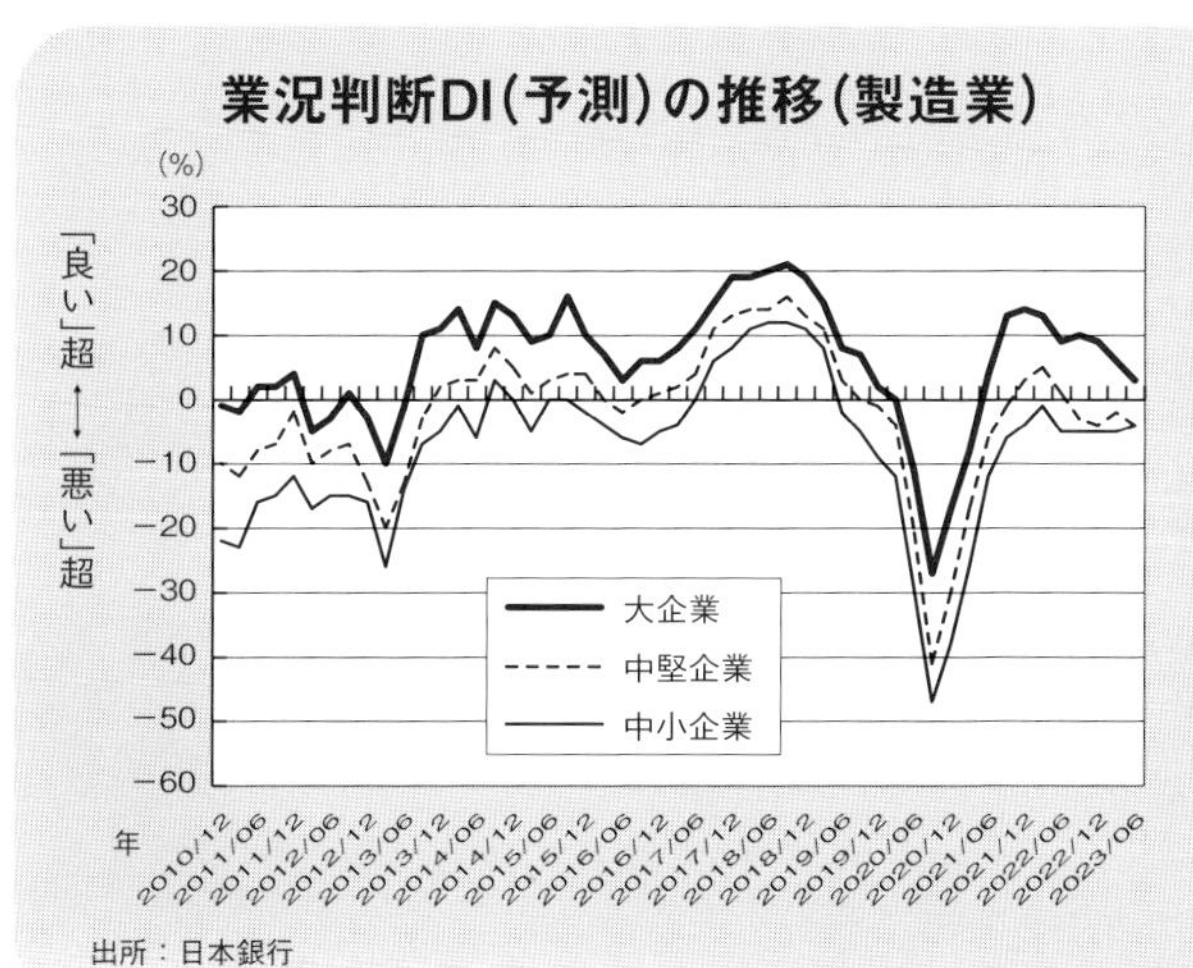

統計数値を理解しよう

景気指標についてよく使われる統計数値は、新聞記事などでも当然のように出てきますので、しっかり理解しておきたいものです。以下では、基本的なものをあげてみました。

名目値と実質値

あるデパートの売上高が1年間で100億円から120億円に20%伸びたとしましょう。なかなか高い伸びですが、これをみて、売上げの数量が20%増加したとみるのはやや早計です。

1年間に商品価格が10%上昇していたとすると、実際の商品の売上数量の増加率は9%にすぎません。この場合、価格が1年前と同じであったとして計算すると、このときの売上高は109億円ということになります。

このように、価格で表される経済指標は、物価の変動を調整していない生の数値（名目値、右の例では120億円）と、物価変動を調整した数値（実質値、同じく109億円）とを、分けて考えることが必要です。

実質値（⇩単語集）は、名目値をデフレーターと呼ぶ物価指数で割ることにより求めることができます。これを実質化といい、右の例では、

120÷1・1（デフレーター）
＝109（億円）

という式によって実質値を計算しています。

実質値は、物価の影響を取り除いた、文字どおり実質的な経済活動の状況をみることができる数値として、GDPをはじめ、多くの指標で用いられています。

季節調整値

経済活動を1年間通してみると、季節によって一定のパターンをもつものが多いことに気がつきます。たとえば、小売業の売上高は、通常、企業・学校の年度末に当たる3月やボーナスが支給される6～7月、12月に大きく伸び、逆に、気候が厳しかったり営業日数が少なかったりする2月、8月には、客の集まりが悪く、大きな落込みを示します。

このように、気候や社会的制度・慣習などの影響によって一定の季節パターンをもつ景気指標の場合、そのままの数値（原数値といいます）を比較したのでは、振れが大きく、前月や前期と比べ好調なのか不調なのかが判断できません。そこで、季節パターンによる振れを統計的な手法で取り除いた季節調整値（⇩単語集）というものが作成されています。具体的には、たとえば2月の数字をある一定率上昇させる一方、3月の数字をある一定率低下させるようなかたちで1年分をならすように調整します。調整には季節パターン

統計数値の求め方

1 実質値
名目値÷デフレーター＝実質値

2 季節調整値
原数値÷季節指数＝季節調整値

3 前月（期）比(注)
当月（期）値÷前月（期）値×100－100＝前月（期）比（%）

前年同月（期）比
当月（期）値÷前年同月（期）値×100－100
＝前年同月（期）比（%）

4 指数
求めたい時点の数値÷基準となる数値×100＝指数

（注）前月（期）比は季節調整済みの値を用いることが多い

を指数化した季節指数を用います。新聞などでは、「季調値」あるいは「季調済」などと略されることも多いようです。

季節調整値がよく用いられている指標としては、GDPのほか、商業販売額、鉱工業指数、機械受注額、完全失業率（⇩単語集）、有効求人倍率（⇩単語集）などがあります。

消費者物価総合指数（CPI）の推移（2020年平均＝100）

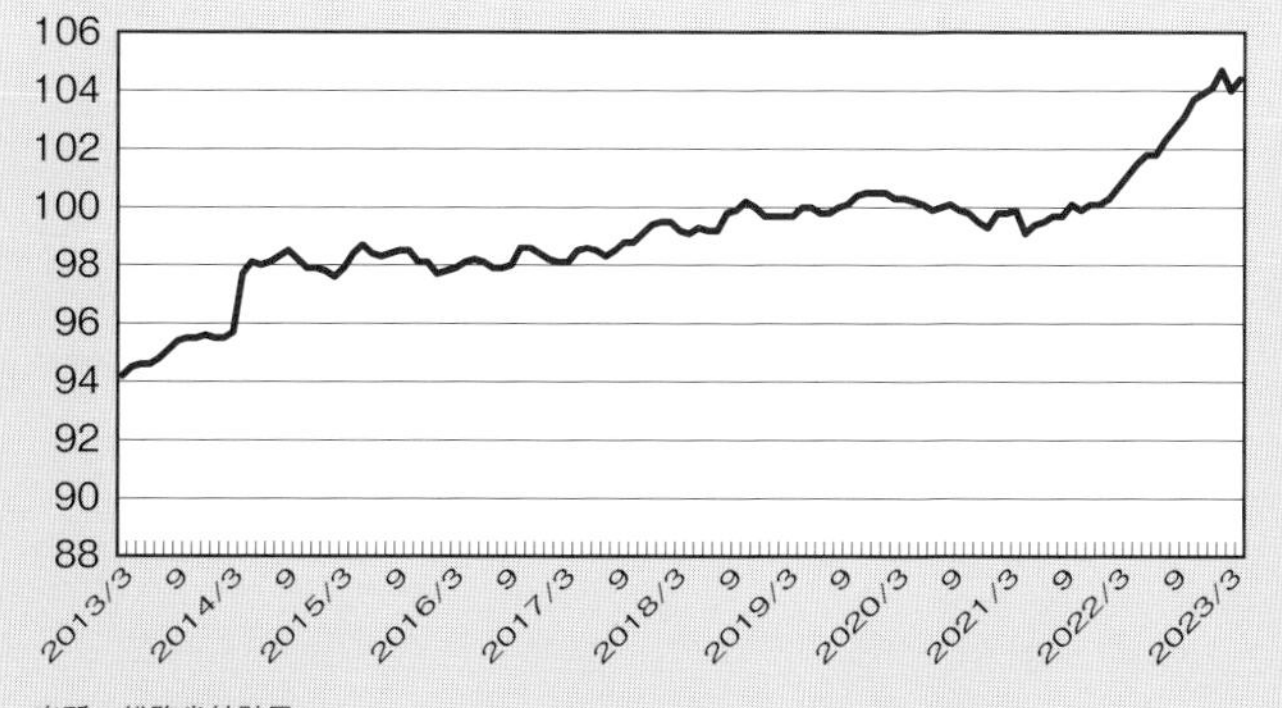

106 104 102 100 98 96 94 92 90 88

2013/3 9 2014/3 9 2015/3 9 2016/3 9 2017/3 9 2018/3 9 2019/3 9 2020/3 9 2021/3 9 2022/3 9 2023/3

出所：総務省統計局

前月（期）比と前年同月（期）比

景気指標が発表される際に注目を集めるのは、多くの場合、前月（または前期）に比べてどれだけ伸びたか、または、前年の同月（または同期）に比べてどれだけ伸びたかという「伸び率」です。

前者を前月比もしくは前期比、後者を前年同月比もしくは前年同期比と呼んでいます。

前月（期）比

前月（期）比は、1カ月から3カ月という非常に短い期間の伸び率であり、主として足元の変化の勢いをみるのに適しています。為替や証券ディーラーなど、相場を日々追っている人たちが景気指標をみる場合には、前月（期）比に注目することが多いようです。

前月（期）比は、比較する数値の季節が異なり、季節変動の影響を受けやすいため、季節調整値を用いて計算されるのが普通ですが、それでも、季節パターンがきれいに除去できない統計などでは、月（期）によって、プラスになったりマイナスになったりといった、極端な振れが表れることも少なくありません。

前年同月（期）比

一方、前年同月（期）比は、1年前の同時期と比べた伸び率であり、主として変化の基調をとらえるのに適しています。同じ季節の数値を分子・分母として計算するため、季節パターンの問題は発生せず、原数値でもそのまま比較することが可能です。ただし、前年の同月（期）に特殊な要因（たとえば消費税率の変更など）があった場合などには、その影響で伸び率が撹乱されてしまうので注意が必要です。

指　数

ある時点の数値を基準として定め、それ以外の時点の数値を、その基準を100とした比率のかたちで表したものを指数と呼んでいます。

たとえば、2022年に1台300万円したある自動車が、2023年には330万円に値上がりしていたとします。2022年の価格を基準としますと（このとき、2022年を「基準年」と呼びます）、2023年の価格指数は、

330万円÷300万円×100＝110

となります。2022年の100に対し、2023年は110ですから、この間に自動車の価格は10％上昇したことがわかります（もちろん、品質の向上や装備の充実はなかったものというのが前提です）。

このように、指数化することによって、単位が取り除かれ、かつ100を中心とした数字に置き換えられるため、個別商品の価格の動きがわかりやすくなるほか、価格水準の異なる商品についても、価格の変化を容易に比較できるというメリットがあります。

総合指数

世の中には数え切れないほど多くの商品があり、価格の動きもさまざまです。そこで、商品全体の価格の動きを「まとめて把握する」ために、個別の指数を一つの指数に統合することが行われています。このような指数を「総合指数」といい、各商品の指数をその商品の消費量のウエイトで加重平均することによって作成されます。企業物価指数（⇩単語集）や消費者物価指数（⇩単語集）などは、特に断りがなければ、通常この総合指数を指しています。

以上は、価格指数の例で説明してきましたが、そのほかにも、指数がよく使われる例として、生産、出荷、在庫に関して数量の変化を指数化した鉱工業指数、賃金の変化を指数化した賃金指数、商業販売額の変化を指数化した商業販売額指数、各省庁の消費統計を加工・統合した消費総合指数などがあります。

金融マーケットの動きを理解しよう

金融機関に勤める者にとっては、金融マーケットの日々の動きは常にウォッチしておく必要があります。ここでは、外国為替レート（対ドル円レート）、国内金利、国内株式の価格変動メカニズムについてみてみましょう。

対ドル円レート

対ドル円レートの動向は、貿易立国であるわが国の経済に密接な関連をもっています。たとえば、円高・ドル安に動いた場合、ドル建てで輸出契約を結んでいる輸出業者は、円での手取り額が減少してしまいます。それを避けるためにはドル建ての輸出価格を引き上げる必要がありますが、そうなると、今度はドル価格が割高になって輸出先での価格競争力がなくなってしまいます。いずれにしても、輸出型の産業にとっては不利に働くわけです。

いまから30数年前、プラザ合意を契機とした急激な円高によって、国内の輸出企業が大きなダメージを受け、景気も急速に悪化したことが、その典型的な例としてあげられるでしょう。プラザ合意とは、1985年9月の先進5カ国蔵相・中央銀行総裁会議（いわゆるG5）において決められたドル高是正の合意のことで、プラザの名は、ニューヨークのプラザホテルで開かれたことに由来しています。この合意により、各国は協調してドル売りの市場介入に乗り出し（協調介入）、1ドル約240円が1986年夏には1ドル150円台へと、1年足らずの間に一気にドル安（円高）が進行しました。

このときの円高による不況は、一般に円高不況と呼ばれていますが、日本経済が輸出主導型経済から脱皮する大きなきっかけとなりました。為替レートの変化が、単に景気の波に影響を与えるだけでなく、経済構造を変化させる役割までも果たしたのです。

さて、その対ドル円レートは、銀行や為替ブローカー（仲介業者）が参加する外国為替市場で決められています。相場の変動は、外国為替市場における通貨間の売買によって起こりますから、対ドル円レートの場合には、円が売られドルが買われれば円安・ドル高に、逆に、円が買われドルが売られれば円高・ドル安に動くことになります。

売買の際の判断材料にされるのは、基本的には、景気や金利、国際収支の動向ですが、米国FRBなど各国通貨当局の金融政策や売買益をねらう投機筋の動向、各国要人の発言なども大きな影響を与えます。各国による外国為替介入が成功する例もありますが、最近、欧米諸国では市場の動向に任せるという考え方も強くなっています。下の表は外国為替に影響を与える要因を簡単に整理したものですが、実際には海外の景気や金利との兼ね合いがあるので、もう少し複雑な反応を示します。

国内金利

国内金利と景気の関係には二つの側面があります。一つは、

対ドル円レートの変化要因

	国内景気	国内金利	国際収支黒字	外国為替介入・投機筋の動向
円高	改　善	上　昇	拡　大	円買い
円安	悪　化	低　下	縮　小	円売り

（注）　表の読み方：国内の景気が改善すれば円高が進行、悪化すれば円安が進行

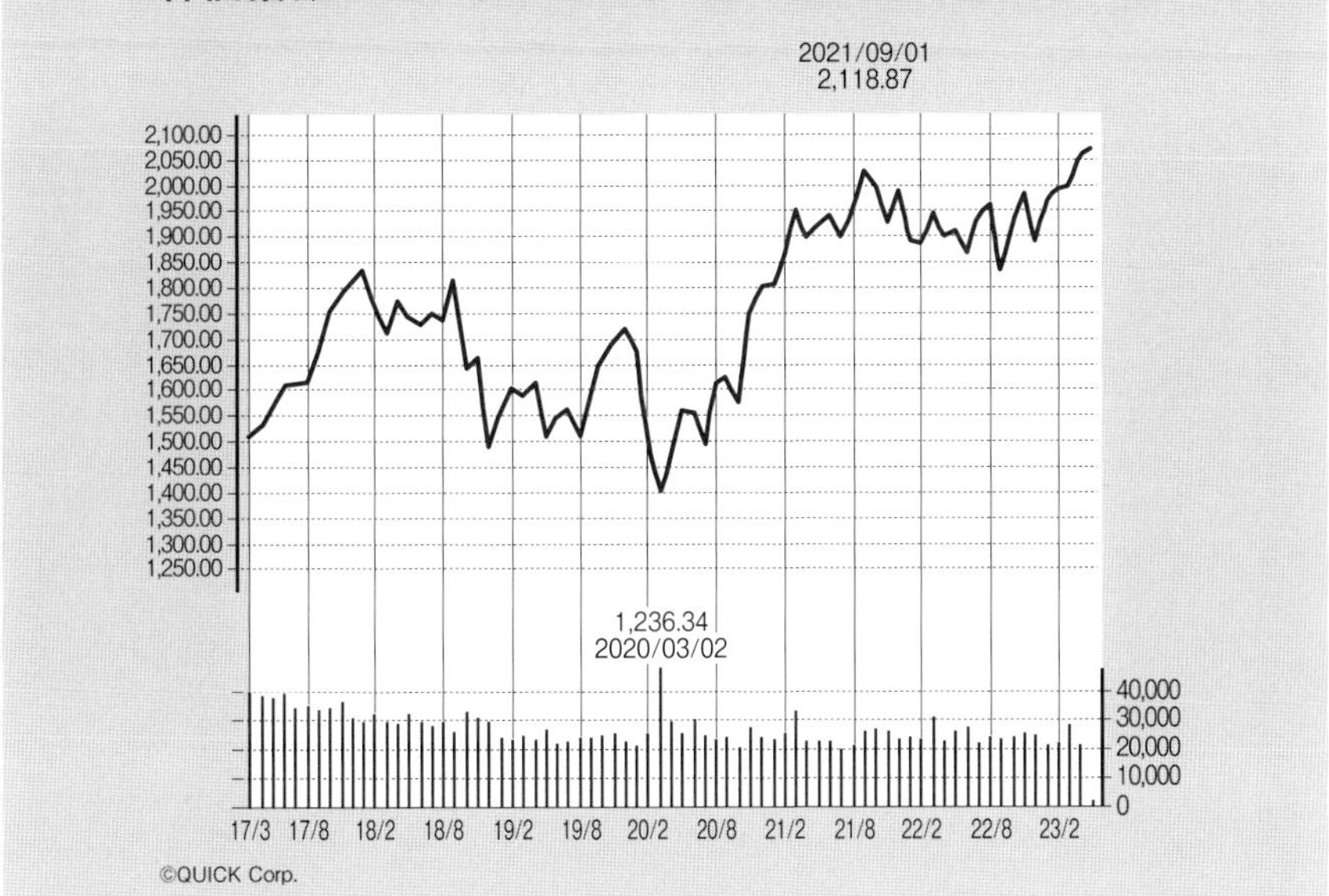

景気の動きに反応して金利が上下するという受動的な面。もう一つは、金利の上げ下げによって景気を抑制したり刺激したりするという能動的な面です。前者はおもに長期の市場金利に表れ、後者は、日本銀行がターゲットとする金利や、短期の市場金利に表れます。

金利の受動的側面についてみてみましょう。景気がよくなれば企業の設備投資など資金需要が増加します。金利は「お金」の値段のようなものですから、お金の需要が増加すると、金利は上昇します。反対に、景気が悪くなって資金需要が減少すると金利は低下することになります。

景気がよくなると、物価が上昇します。日本銀行は物価の安定を金融政策の主要目標の一つにしていますから、物価を沈静化するために金利を引き上げます。反対に、景気が悪化して物価が低下すれば、金利を引き下げます。これが、金利の能動的側面です。

なお、金利は、通常、期間が長いほど高くなる傾向があります。期間が長期にわたれば、物価上昇への思惑（インフレ期待）があったり、貸手の側の貸倒れリスクが大きくなったりするからです。ただし、この先景気が減速し、国債の人気が高まるなど長期金利も低下に向かうという予想が働くときには、短期金利のほうが長期金利よりも高いという長短金利の逆転現象が生じることがあります。

株価指数ヒストリカルグラフ―TOPIX 月足チャート

出所：東京証券取引所

国内株価

新聞やテレビの報道によく用いられている日経平均株価（⇩単語集）は、株式相場の動向を示す指標として、半世紀以上にわたって親しまれてきた、日本経済新聞社の発表する代表的な株価指数です。

日経平均は、東京証券取引所のプライム市場に上場している株式のうち、取引が活発で流動性の高い主要２２５銘柄を対象として、それらの株価を単純平均することによって作成されています。ただし、増資などによって株価に変動があった場合には、その影響が取り除かれるよう、計算方法に工夫が施されています。そのようなやや特殊な計算の結果、現在の日経平均株価は、個別の株価とは、水準が大きく異なっていますので注意が必要です。

もう一つ、代表的な株価指数として、東京証券取引所が発表するＴＯＰＩＸ（トピックス、東証株価指数）（⇩単語集）があります。ＴＯＰＩＸは、１９６８年１月４日時点における一部上場全銘柄の時価総額（株価×上場株式数）を１００として、その後の時価総額を指数化したものです。なお、２０２２年４月以降の東京証券取引所における市場区分の見直しに伴い、同年10月～２０２５年１月にかけてＴＯＰＩＸの構成銘柄は段階的に変更されます。

ＴＯＰＩＸは、日経平均に比べ、市場全体の動きを反映しているという点で優れていますが、大型株の動きに左右されやすいという欠点も指摘されています。ただ実際には、日経平均とＴＯＰＩＸはほぼ同様の動きを示しています。

株価は、企業業績の影響を強く受けます。企業の業績がよければ株価は上昇しますし、業績が悪化すれば株価も低下します。もっとも、企業の業績発表の頻度はせいぜい四半期ごとですから、日々の株価の動きは、企業業績に影響を与える景気動向や金利、為替相場、内外の政治情勢や金融政策、海外（特にニューヨーク）株式市場などに敏感に反応する性格をもっています。結果として、景気の動きを先取りしやすく、「景気の先行指標」などとも呼ばれています。

金融政策を理解しよう

国の経済運営の手段は、大きく財政政策と金融政策に分けられます。財政政策の主体が公共事業等を行う政府であるのに対し、金融政策は、中央銀行である日本銀行が政策の主体となっています。

日本銀行の行う金融政策は、物価の安定や持続的な経済成長、金融システムの安定などを目的としています。金融政策とは、短期・長期の国債の売買等による公開市場操作(オープン・マーケット・オペレーション)などの手段を用いて、金融市場を通じて資金の量や金利に影響を及ぼし、通貨および金融の調節を行うことです。

金融政策は時々の景気動向や将来の見通しに応じて変更されますが、それは短期金利に対する影響にとどまらず、長期金利や株価、為替レートなどにも大きな影響を及ぼします。日銀の金融政策がマーケットに与える影響は、近年大きくなっており、これについて正しく理解することが大切です。

公定歩合いまむかし

かつて、日銀の金融政策の具体的手法として、公定歩合操作、預金準備率操作、公開市場操作の三つがありました。公定歩合は、現在では「基準割引率および基準貸付利率」と呼ばれ、日銀が民間銀行に貸出しを行う際のレートで、2008年12月以降変更がなく、現在0・30%の水準ですが、銀行にとって現在はもっと低い金利で資金調達可能なので、コスト効果よりも日銀がこれを動かしたときのアナウンスメント効果のほうが大きいといわれています。かつては、金融機関の預金金利や貸出金利が公定歩合に連動していたため、公定歩合を引き上げたり引き下げたりすることを通じて、これらの金利に直接働きかけることが、金融政策の最も基本的な手段となっていました。

現在では、2001年3月に導入されたロンバート型貸出制度(補完貸付制度)(⇩単語集)(金融機関が、あらかじめ差し入れた担保の範囲内で日銀から借入れを行うことができる制度)に適用される金利となっており、金融市場における短期金利(コールレート)の変動に上限を画する機能を担っています。

なお、準備預金制度における準備率は、1991年からまったく変更されていません。

現在の金融政策＝公開市場操作

21世紀の今日では、公開市場操作が金融政策の主要手段となっています。すなわち、日銀が金融市場において国債などを売買すること(オペ(レーション))を通じて資金の供給や吸収を行い、金融機関が日銀に保有する当座預金の総量を増減させることです。たとえば、金融機関が保有している国債を日銀が買えば、代金をその金融機関に支払うので、資金を供給することになります(資金供給のための買いオペ)。逆に、日銀が保有している国債を金融機関に売れば、資金を吸収することになります(資金吸収のための売りオペ)。

買いオペが頻繁に行われている状況であれば、市場に資金が放出されているわけですから金利低下要因となります。逆に、売りオペが頻繁に行われている状況であれば、市場から資金が吸収されているわけですから金利上昇要因となります。

こうした日銀による公開市場操作の状況は、日経新聞のマーケット面にも載りますし、日銀のホームページ(https://www.boj.or.jp/)にも掲載されています。

日銀は、このように公開市場操作を主たる手段として、短期金融市場の資金量を調節することによって、金融市場調節方針によって示された通貨量や短期金利(具体的には無担保コール翌日物レート)の誘導目標を実現しています。このように形成された短期金融市場の金利が、他の金融市場の金利や金融機関が企業や個人に貸し出す金利な

どに波及し、その結果、経済活動全体に金融政策の影響が及んでいくのです。

日銀の金融政策では、長期国債の買入れも行われています。公開市場操作と合わせた効果として、一般に、日銀が金融緩和政策をとると長期金利は下がり（債券価格は上昇）、金融引締政策をとると長期金利は上がり（債券価格は下落）やすくなります。

最近の金融政策の動向

長く続くデフレ（⇩単語集）から脱却するため、日銀は金利を低位に誘導する金利政策や、通貨供給量を増加させる量的緩和政策など、さまざまな金融緩和を行ってきました。

しかし、こうした政策の積み重ねによってもなかなか結果が出なかったことをふまえ、２０１３年に日銀総裁に就任した黒田東彦氏は、政府のアベノミクス（⇩単語集）と協調して日銀の力を一挙に動員することが必要だとして、消費者物価（35ページグラフ参照）の前年比上昇率2％の「物価安定の目標」をできるだけ早期に実現し、安定的に持続するため、「量的・質的金融緩和」をいままでにない「異次元の緩和策」と銘打って導入しました。質的金融緩和とは、日銀が国債だけではなくＥＴＦ（⇩単語集）、Ｊ－ＲＥＩＴ（⇩単語集）、ＣＰ、社債等についても買入れを進めることです。これによって東京株式市場では、買い手としての日銀の存在感が増しています。

しかし、消費者物価指数の2％上昇が達成できない状況が続いたことから日本銀行は２０１６年1月、これまでの量的・質的金融緩和政策に「マイナス金利」という新しい手法を導入しました。金融機関が日本銀行に有する当座預金の一部に「マイナス0・1％」の金利をつけるのです。

また日銀は同年9月に「長短金利操作付き量的・質的金融緩和」を導入しました。短期のマイナス金利に合わせて、10年物国債の金利がおおむねゼロ％程度で推移するように買入れを行うことなどです。さらに２０１８年7月、政策金利のフォワードガイダンス（将来の方針を表明すること）の導入により物価安定に対するコミットメントを強めています。

そういう状況のもと２０２０年に新型コロナウイルス感染症が拡大し、この影響による景気後退を防止するため、日銀は円と米ドル資金を潤沢に供給し、金融機関に対して民間企業債務を担保に金利ゼロ％の資金を供給するオペレーション等を導入したうえ、長期国債を上限を設けず買い入れることにしています。

２０２２年、ロシアのウクライナ侵攻や新型コロナへの対応の進展などによる欧米のインフレ懸念が高まるなか、米国中央銀行組織ＦＲＢおよび欧州中央銀行ＥＣＢが利上げを実行しました。これに対して日銀が低金利政策を継続しているため、円安を招き物価高を引き起こしているのではないかという厳しい批判が高まるなか、２０２３年4月、経済学者の植田和男氏が新しく総裁に就任し、日銀はむずかしいかじ取りが求められています。

なお、これらの日本銀行の金融政策は、毎月1～2回のペースで開かれる日本銀行政策委員会（⇩単語集）による「金融政策決定会合」によって決定されます。

日本銀行の現在のおもな金融緩和政策

政策テーマ	2％の「物価安定の目標」の実現 「政策金利のフォワードガイダンス」 「量的・質的金融緩和」
具体的施策	短期金利にマイナス金利 0.1％導入
	国債買入れ額の上限撤廃 長期金利をゼロ金利程度に誘導 （上下 0.5％程度の変動を許容）
	ETF、J-REIT、CP、社債等の買入れ

Q1 ～ Q10 のうち
正しいものは、どれでしょうか？

Q1 GDP は「生産」されたとき、「分配」されたとき、「支出」されたときの、どの時点で切ってみても必ず等しくなり、これを「一物一価の法則」と呼んでいます。

Q2 輸入は日本国内で生産されたものではなく、GDP の計算時にはマイナスの項目となるので、「輸入が増えると成長率は低下する」ことになります。

Q3 景気には、回復、好況、後退、不況の四つの局面があり、これを「景気循環」と呼んでいます。

Q4 日銀短観の調査項目のなかでは、業況判断 DI が、企業の景況感の変化を敏感に示すものとして重要視されています。

Q5 季節パターンのある景気指標では、季節による振れを統計的な手法で取り除いた実質値というものが作成されています。

Q6 ある時点の数値を基準として定め、それ以外の時点の数値を、その基準を 100 とした比率のかたちで表したものを指数と呼んでいます。

Q7 為替相場の変動は、外国為替市場における通貨間の売買によって起こりますから、対ドル円レートの場合には、円が売られドルが買われれば円高・ドル安に動くことになります。

Q8 日経平均株価は、東証プライム市場上場株式のうち、取引が活発で流動性の高い主要 225 銘柄を対象としています。

Q9 日本銀行の金融政策は、政府の閣議で決定しています。

Q10 日本銀行の金融政策は、一貫して公定歩合操作が中心とされています。

正解

Q1 × 「三面等価の原則」の誤り。
Q2 ○
Q3 ○
Q4 ○
Q5 × 季節調整値の誤り。実質値は物価変動を調整したもの。
Q6 ○
Q7 × 円安、ドル高の誤り。
Q8 ○
Q9 × 日銀の金融政策決定会合で決定している。
Q10 × 現在の金融政策の最も代表的な手段は、公開市場操作。

インターネット情報の活用方法

P42 インターネットをどう使うか
P44 経済統計などの官庁情報
P46 マーケット情報
P48 企業情報
P50 スマートフォンとSNS
P51 コラム データ処理に必要な基礎知識
P52 Point Check!

インターネットをどう使うか

速報性に優れ、発信源に直接アクセスできる

新聞には、情報の豊富さ、内容の正確性、持ち運べる手軽さ、スクラップできる保存性の高さ、などの長所がありますが、インターネットには、新聞がもっていない大きな特徴があります。それは、速報性に優れ、発信源に直接アクセスできることです。

インターネットには、かつて、情報の質の低さや、通信速度が遅い、機器の持ち運びができないなど、不便な点もありました。しかし、インターネット人口が急速に増加するなかで、情報の質が高まり、また、パソコンの性能向上やスマートフォン、タブレットなどの普及によって、使い勝手も改善され、現在では、電車のなかでも情報を受発信することが普通に行われています。

金融機関職員にとって、日経新聞が日々の情報収集のベースではありますが、日経電子版を含めてインターネットを上手に使いこなせば、はるかに効率的で高度な情報収集や情報活用が可能になります。

インターネットからは多種多様な情報にアクセスすることが可能ですが、それらのうち、金融機関職員に必要だと思われる情報についてジャンル別に分類してみましょう。

①金融業界情報…金融行政、金融制度、金融機関の経営戦略、金融商品・サービス開発など、金融界に関する情報。

②金融市場情報…金利、為替、株価などに関する金融マーケット情報。

③企業・産業情報…個別の取引先やその取引先が属している業界の動向等に関する情報。決算報告書や有価証券報告書なども。

④経済情報…マクロの景気動向、財政・金融政策等に関する情報。

⑤地域情報…地場産業、地域開発、町興し等、地域にかかわるさまざまな分野の情報。

⑥その他実務情報…会計、税務、財務、不動産取引、業務斡旋に関する情報等。

以上は、最大公約数的な分類ですから、実際に必要な情報や分類形式は個々人によって、当然異なってくるでしょう。

これらの情報が掲載されているホームページを開設者別に分類すると、おおむね次のようになります。

●官公庁のホームページ
中央官庁、地方自治体、公的機関等。

●金融機関のホームページ
日銀、銀行、信用金庫、信用組合、証券会社、保険会社等、それらの協会等の団体。

●一般事業法人のホームページ
上場企業、業界団体等。

●マスメディアのホームページ
新聞社、放送局、出版社等。

●調査機関のホームページ
民間シンクタンク、官庁シンクタンク等。

ホームページの開設者別分類

開設者	内容
官公庁	中央官庁、地方自治体、公的機関等
金融機関	日銀、銀行、証券会社、保険会社等 全国銀行協会等の金融業界団体
一般事業法人	上場企業、業界団体等
マスメディア	新聞社、放送局、出版社等
調査機関	民間シンクタンク、官庁シンクタンク等
金融情報サービス業	金融ベンダー、金融コンサルタント、監査法人、アナリスト、税理士等
その他個人のホームページ	研究者、実務家などが所属組織等から離れて個人として開設しているサイト等

●金融情報サービス業のホームページ
金融ベンダー、金融コンサルタント、アナリスト、監査法人、税理士等。

●その他個人のホームページ
研究者、実務家などが所属組織等から離れて個人として開設しているサイト等。

インターネット活用のコツと注意点

インターネット活用のコツは、自分の求めているホームページをいかにスムーズに探し当てるかにあります。そのためには、検索エンジン系ポータルサイトである「Yahoo! JAPAN」「Google」「Bing」などを用いるのが一般的です。ちなみに、「ポータル」とは「玄関」「入口」のことを意味します。ポータルサイトを、接続時に最初に表示されるウェブページとして設定しておけば、まさに情報の入口、玄関口といえるでしょう。

ただし、検索エンジン系ポータルサイトでは、分野やキーワードによる絞込みを上手に行わないと、検索結果が多すぎて収拾がつかなくなることもありますし、広告料を払っているサイトが上位にくるものもあるので、テーマが明確であれば、そのテーマに関するリンク集を活用したほうが効率的です。

たとえば、金融機関を調べるのであれば、「全国銀行協会」「第二地方銀行協会」「全国信用金庫協会」「全国信用組合中央協会」「日本証券業協会」「日本損害保険協会」「生命保険協会」等の金融業界団体ホームページに掲載されているメンバーズリストを兼ねたリンク集を用いればよいでしょう。

全国銀行協会のホームページの組織概要から「全銀協の会員一覧」にアクセスすると、全銀協正会員や準会員、特別会員などのメンバーズリストが現れます。メンバーがホームページを開設していれば、リスト上の行名をクリックするだけで直ちにそのホームページに進むことができるようになっています。

金融業界では、ネット銀行やネット証券等、インターネットを活用した金融サービスの提供が急速に活発化しており、ホームページ上の情報もきわめて充実しています。金融機関全体の動きをキャッチすると同時に、個別の金融機関の経営戦略や商品・サービスを理解するためにも、さまざまな金融機関のホームページにアクセスされてみることをお勧めします。

なお、メールやオークションなどのインターネット利用についてトラブルを避けることは当然ですが、サイトに接続しただけでコンピュータウイルスに感染することもあります。不審なサイトへのアクセスは避け、ウイルス対策ソフトを導入することをお勧めします。

新聞情報を速報性の点から補う

金融機関職員にとって、鮮度の高い経済ニュースを手軽に入手できるインターネットは、新聞情報を速報性の点から補うものとして、きわめて利用価値の高いツールといえます。

日本新聞協会

インターネット上の「壁新聞」ともいえるのが、各新聞社の開設しているホームページでしょう。その窓口となっているのが「日本新聞協会」のメディアリンクコーナーです。ここでは、日本新聞協会に加盟する日本全国の新聞・通信社のすべてが網羅されていて、地域別にどのような新聞社があるのか一目でわかりますし、各社のサイトにもリンクしています。ちなみに、全国紙の場合は、「会員社一覧」の「東京」という地名をクリックすれば該当する新聞社のリストが表示されるようになっています。

なお、このコーナーは日本新聞協会・日本民間放送連盟に加盟する日本全国の放送社のホームページなどにもリンクしていますので、テレビ局・ラジオ局のサイトにも手軽にアクセスすることが可能です。新聞社のサイトでは突発ニュースが配信される速報メールなどのサービスも充実していますので、パソコンやスマートフォンで活用したいものです。

日本新聞協会ホームページのメディアリンクコーナー

メディアリンクコーナー	新聞・通信社・放送社	日本新聞協会に加盟する日本全国の新聞・通信社・放送社のホームページへの窓口	・会員社一覧 ・合同サイト
	関係諸団体（国内）	技術、広告、販売、放送、出版関係団体、学会など	
	関係諸団体（海外）	新聞、放送、通信社の団体など	

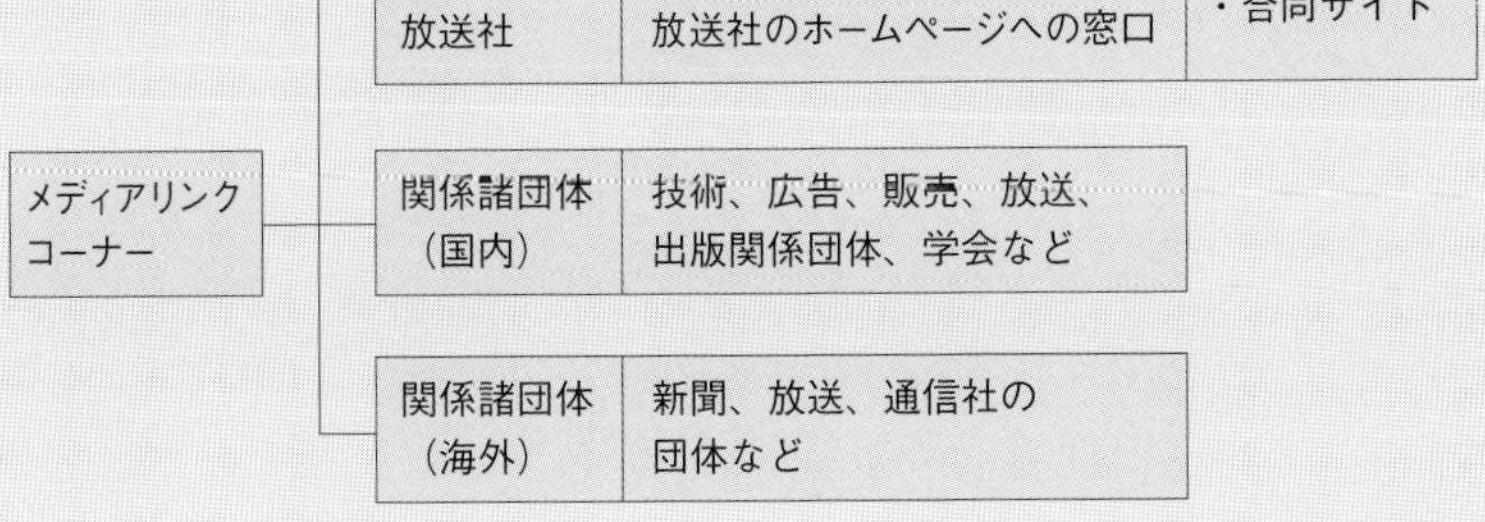

経済統計などの官庁情報

主要なデータのほとんどは、居ながらにして入手することが可能

官庁の作成するマクロ経済統計は、無料で入手できる「公共財」です。各官庁がホームページを開設し、経済統計をホームページで公表している現在では、主要なデータのほとんどは、居ながらにして入手することが可能です。

インターネットから提供されるデータの多くは、直接パソコンにダウンロードできますから、入力作業の必要がありません。表計算ソフトで数値の分析や加工、グラフの作成は自由自在にできますし、資料を原稿に直接貼り付けることができるのも、印刷物では得られない大きなメリットです。

官公庁のホームページにアクセスするには、官庁を網羅したリンク集が便利です。リンク集にはさまざまなものがありますが、ここでは文字どおり官公庁の総元締めである「首相官邸」と官庁統計のポータルサイトである「政府統計の総合窓口(e-Stat)」をあげておきましょう。

「首相官邸」には、官公庁へのリンクのほか、官房長官記者発表、現時点における内閣の主要政策等の情報が掲載されているので、政府の動きを知るのにも好都合です。また、「政府統計の総合窓口(e-Stat)」には、統計関係の官公庁へのリンクのほか、統計データのキーワード検索、分野別検索、作成組織別検索などがあります。ただ、官庁のホームページは提供されるデータが膨大なため、調べたい事項が見つかりにくいことがあります。その場合には、各サイトのトップページにある「サイト・マップ」を活用することが有効です。

各都道府県の作成している地域データについては、「総務省統計局」のホームページのリンク集を利用すればよいでしょう。同リンク集の「都道府県等」をクリックすれば、各自治体の統計サイトの一覧が表示されます。

２０１９年の厚生労働省「毎月勤労統計調査」や２０２１年の国土交通省「建設工事受注動態統計」に不正があったことにより、政府統計の信頼性が大きく揺らいでいます。特に後者は、２０１３年４月～２０２１年３月の受注実績を無断で書き換えて二重計上していたのです。GDPに反映される影響はマイナス０・３％～プラス０・６％の幅にとどまったそうですが、データや統計がますます重要になっていますので、正しく対応してもらいたいものです。

経済統計に関連したホームページ

首相官邸	https://www.kantei.go.jp/
政府統計の総合窓口(e-Stat)	https://www.e-stat.go.jp/
内閣府	https://www.cao.go.jp/
総務省統計局	https://www.stat.go.jp/
経済産業省	https://www.meti.go.jp/
厚生労働省	https://www.mhlw.go.jp/
財務省	https://www.mof.go.jp/
金融庁	https://www.fsa.go.jp/
e-GOVポータル	https://www.e-gov.go.jp/
日本銀行	https://www.boj.or.jp/

経済情報が最も豊富なサイト

さて、官公庁のなかで経済情報が最も豊富なサイトといえば、旧経済企画庁の流れをくむ「内閣府」のホームページの「統計情報・調査結果」でしょう。

国内の経済活動全体の成果を示す代表的な景気指標であるGDP（Gross Domestic Product 国内総生産）統計は、3カ月ごと（2、5、8、11月）に直前の四半期の実績が1次速報のかたちで発表され、発表後直ちに同ホームページの「統計情報・調査結果」の国民経済計算（GDP統計）コーナーに掲載されます。

「内閣府」のホームページ（経済社会総合研究所を含む）には、GDP以外にも景気動向指数、機械受注統計、法人企業景気予測調査、消費動向調査などの月次・四半期の統計（調査）が掲載されています。

他の省庁では、「総務省統計局」（国勢調査、家計調査、労働力調査、消費者物価指数など）、「経済産業省」（鉱工業指数、商業統計、工業統計など）、「厚生労働省」（毎月勤労統計、職業安定業務統計など）、「財務省」（貿易統計、国際収支状況など）などのサイトに、統計情報が豊富に掲載されています。

また、金融機関に勤務するみなさんにとって「金融庁」のサイトは見逃せないものです。仕事に直接関係する金融関連法令、監督指針（⇩単語集）などのコンプライアンス関係から自己資本比率規制（⇩単語集）等の金融経営に至る重要な情報に直接触れることができます。

「e－Gov ポータル」（⇩単語集）では、各省庁の行政情報に関する検索サービスが提供されています。任意のキーワードを指定すれば、該当する行政情報の名称、概要、作成省庁などが画面に表示されますので、省庁が特定できない情報を調べたいときには便利なサイトです。

なお、企画・提案を提出するには、ログインが必要です。

「e-Gov ポータル」の検索・案内サービス

電子申請	法令検索	パブリック・コメント（募集確認や提出）	文書管理（行政文書の検索等）	個人情報保護（行政機関保有情報ファイル名検索等）
行政サービス・施策に関する情報（災害、環境、地方創生、子ども・教育等の各行政サービス・施策項目別に各行政機関のホームページにリンク）				
政策に関する企画・提案（ログインが必要）				

「日本銀行」のホームページ

官庁統計とはやや異なりますが、マクロ経済動向を把握するうえでの大きな手がかりとなる短期経済観測調査、通称「短観」は、「日本銀行」のホームページに掲載されています。

調査は3、6、9、12月の各上旬に実施され、翌月初（12月分のみ当月央）には集計結果が公表されます。短観の公表資料は「概要」編と、その1日遅れで公表されるデータ集の「業種別計数」編に分かれており、ホームページからエクセル形式、もしくはPDF形式によるダウンロードが可能です。

日本銀行のホームページからは金融に関する大量の統計情報にアクセスできます。また、日銀当座預金残高やマネタリーベースなどの日本銀行関連統計や民間金融機関資金統計等の通貨量、各種の金利・為替、物価、国際収支等が、時系列統計データ検索サイトからダウンロードでき、グラフ作成も可能です。

景気の見通し

経済統計との関連で、世間の注目を集めるのは、景気の見通しです。主要なシンクタンクは、年末になると、風物詩ともいえる翌年の経済見通しを発表しています。経済見通しは調査機関にとっては看板商品の一つですから、各機関の予測担当者は、特色のある見通しづくりに精を出しています。

国内シンクタンクの見通しは各機関のホームページに当たるのが基本です。

なお、例年1月に発表される政府の経済見通しは、「内閣府」のホームページに掲載されています（GDPや完全失業率、物価指数など主要な数値については前年の12月に閣議了解され、事前発表）。予測と呼ぶよりも、目標としての性格が強いものですが、政府の今後の経済運営に対する考え方が反映されていて参考になります。

メール配信サービス

日本銀行などでは、自分のメールアドレスをあらかじめ登録しておくと最新情報を電子メールで送付してくれます。e-Stat ではRSSで、金融庁はTwitter とRSSにより新着情報を配信しています。非常に有効な情報収集手段ですので、活用したいものです。

マーケット情報

外為市場、金融市場などの時々刻々と変化するマーケットの動きは、金融機関にとって不可欠な情報です。オフィスのIT化が進んでいる今日では、業務に必要なマーケット情報は、社内の情報端末や相場ボード等から瞬時に入手可能と思われますが、ここではそれらを補うツールの一つとして、無料で、かつ速報性の高いインターネットの利用法について紹介します。

マーケット情報全般については、「日経新聞電子版　マーケット」「ブルームバーグ」「ロイター」などが重要なサイトで、関連ニュースも充実しています。ただし、目的のデータにたどりつくには習慣化したり、検索機能を使いこなしたりする必要があります。

為替レート

リアルタイムの為替相場に関しては、「ブルームバーグ」が、マーケット情報のコーナーで約5分遅れの各国通貨の相場を流しています。インターバンク取引価格(仲値)が、24時間更新され、クロスレート（1ドル＝100円のような自国通貨建てと1円0・01ドルのような外国通貨建てなど）や円と各地域別国通貨別に掲載されています。

外国為替市場の動きは、「日経新聞電子版　マーケット」の「為替・金利」の為替概況でも追うことができます。最新時点の東京、ニューヨーク等のマーケットの記事が掲載されており、時間をさかのぼって1日の動きを追ってみることも可能です。

過去の円・ドル相場の推移を確認したい場合には、日経電子版、ブルームバーグや「Yahoo!ファイナンス」にグラフが掲載されています。また、海外のサイトですが米国の「セントルイス連銀」の「Economic Data」のコーナーには、ニクソン・ショックで固定相場制が崩壊した1971年以降の各国通貨の対ドル相場が日次データから掲載されています。長期データが必要な場合に、アクセスしてみるとよいでしょう。

なお、対顧客レート情報でよく利用されているものとして、三菱UFJ銀行が情報提供している「地球の歩き方・海外為替レート」があります。ここには、主要26通貨の販売レート（日本円→外貨）、買取レート（外貨↓日本円）の一覧表が掲載され

マーケット情報に関連したホームページ

ブルームバーグ	https://www.bloomberg.co.jp/
日経新聞電子版　マーケット	https://www.nikkei.com/markets/
ロイター	https://jp.reuters.com/investing/
セントルイス連銀 Economic Research	https://fred.stlouisfed.org
地球の歩き方・海外為替レート	https://www.arukikata.co.jp/rate/
Yahoo! ファイナンス	https://finance.yahoo.co.jp/
日本相互証券株式会社	http://www.bb.jbts.co.jp/
日本銀行 各種マーケット関連統計	https://www.boj.or.jp/statistics/market/

ていますので、キャッシュの両替レートを知りたいときには便利なサイトです。

投資家の最大の関心は相場の見通しですが、プロのアナリストの分析が多くの金融機関のサイトに掲載されています。ひととおり目を通しておくことをお勧めします。これらのレポートを利用して、自分で相場の先行きを考える場合には、経常収支、金利、物価、経済成長率などのマクロの統計数値を丹念に分析することをまず基本として、そのうえで、チャート分析、政府高官発言や各国金融当局・投機筋の動向などの情報を適宜加味していけばよいでしょう。

外国相場は海外の経済情勢の影響も受けますので、余裕があれば、CNNや海外の主要な新聞社のサイトを直接確認しておくことも有効です。

金利情報

無担保コールO／N物レートや国債利回りについては「ブルームバーグ」に最新のものが掲載されています。主要金利のバックデータ（公定歩合、長短プライムレート、長期国債利回り）は、日本銀行「各種マーケット関連統計」や日本相互証券株式会社などのサイトでみることができます。

債券市場の様子は、「日経新聞電子版　マーケット」の「為替・金利」の債券・短期概況に最新の記事が掲載されています。

株価情報

個人の資産運用ニーズが高まるなかで、投資関連情報を網羅したサイトも、近年非常に充実してきました。「Yahoo! ファイナンス」「ロイター」「ブルームバーグ」「日経新聞電子版　マーケット」などは、株価、為替、金利、投信などに関するマネー情報が網羅され、関連したニュース速報も含め、マーケットの動きがほぼリアルタイムで把握できるようになっています。また、各証券会社のホームページでもかなり詳細な情報が提供されています。金融機関職員や個人投資家は、これらのホームページを常時チェックできるようにすると効率的でしょう。

「Yahoo! ファイナンス」では日経平均株価やTOPIXなどの株価指数がリアルタイムで表示されるほか、個別銘柄の株価動向も会社名と証券コードで検索できるようになっています。

個別銘柄株価については、検索時点の株価、その日の始値、高値、安値、出来高等の情報に加え、過去データとして10年間までの株価チャートが入手できます。

また、企業関連情報やニュース、さらにはPERなども掲載されていますので、投資判断の参考にするとよいでしょう。

株式市場の様子は、「日経新聞電子版　マーケット」の国内株概況からうかがうことができます。ほぼ1日分の動きをさかのぼることができますので、市場動向を振り返るのに役立ちます。同サイトには投資信託のコーナーもありますので、投信関係のニュースや値動き等の把握も可能です。

わかりやすいテレビ番組

マーケット情報は適時性（タイムリーであること）が重要ですが、1日の節目での予想や見返りも重要です。日経新聞と関係の深いテレビ東京系では、さまざまな報道番組を提供していますが、月曜から金曜までの朝5時45分からの「Newsモーニングサテライト」では、日本時間の夜中の米国マーケットの動きや、その動きを受けた東京マーケットの見通しなどを伝えてくれます。また、夜の「ワールドビジネスサテライト」では、当日のマーケットの情勢を振り返り、有名経済コメンテーターが解説しています。

マーケット情報以外のビジネスニュースや新しい売れ筋の商品・サービスなどに関しても、これらの番組では、一般の視聴者にも向けてわかりやすく解説していますので、社会人になったばかりの人たちにとってもいい家庭教師だといえます。

また、これらの番組やNHKのNEWSWEBでもテレビで報道したビジネスニュースをインターネットで、しかも見逃した後からでもみられるようになっていますので、利用してはいかがでしょうか。

日本銀行
各種マーケット関連統計の項目

◯短期金融市場
- 無担保コールO/N物レート（毎営業日）
- 短期金融市場金利
- 短期金融市場残高
- コール市場残高

◯債券市場
- 公社債発行・償還および現存額
- 公社債消化状況

◯外国為替市場
- 外国為替市況（日次）
- 実効為替レート

出所：日本銀行ホームページ

企業情報

企業に関する情報は、投資家の判断を通じて株価に大きな影響を与えますし、金融機関にとっては取引先の信用リスクを判断する際の重要な材料でもあります。インターネットの普及によって企業業績、格付、倒産等の企業情報を、手軽に入手できるようになったことは、多くの投資家、金融関係者にとって朗報といえるでしょう。

企業業績に関する情報は、企業業績を集計したマクロ情報と企業の個別決算等のミクロ情報とに大きく分類することができます。

マクロ情報

日銀短観

まずマクロ情報に関しては、33ページで紹介した「日本銀行」の日銀短観があります。全国企業短観は、資本金2000万円以上の全国民間企業（金融機関を除く）約1万社を対象とし、年4回（3、6、9、12月）、売上高、経常利益（⇩単語集）、設備投資額などが調査されています。企業規模別、業種別に詳細に公表されています。

法人企業統計調査

同じく四半期ごとに調査されているのが「財務省」が集計している法人企業統計調査です。対象は全国の資本金1000万円以上の営利法人（2008年度より金融・保険業を含む）で、サンプルとして選ばれた（資本金5億円以上、金融・保険業は1億円以上は全数）約2万〜3万社の回答をもとに、全体の推計値を算出しています。調査項目は売上高、経常利益、営業利益（⇩単語集）を利用した利益率、資金関連項目、自己資本比率等、財務諸表全般にわたっていて、日銀短観に比べ対象企業数や調査項目数は多いものの、発表時期が遅い（各期の2カ月以上後）のが弱みといえます。

経済業界の動き

業界ごとの動きは、各業界団体のホームページに当たってみるとよいでしょう。また、経団連（日本経済団体連合会）関係の経済広報センターや日本商工会議所のホームページでは、それぞれの経済団体の活動状況や広報、調査報告書、そして統計や貿易交渉など各企業に有益なさまざまな情報が掲示されています。

企業情報に関連したホームページ

名称	URL
日本銀行	https://www.boj.or.jp/
財務省	https://www.mof.go.jp/
経済広報センター	https://www.kkc.or.jp/
日本商工会議所	https://www.jcci.or.jp/
Yahoo! ファイナンス	https://finance.yahoo.co.jp/
ムーディーズ	https://www.moodys.com/pages/default_ja.aspx
スタンダード＆プアーズ	https://www.spglobal.com/ratings/jp/
格付投資情報センター	https://www.r-i.co.jp/
日本格付研究所	https://www.jcr.co.jp/
帝国データバンク	https://www.tdb.co.jp/
東京商工リサーチ	https://www.tsr-net.co.jp/

ミクロ情報

決算短信

次に、個別企業のミクロ情報に関しては、証券会社のホームページが役に立ちます。ただし最近、各証券会社では口座を開設した顧客にしかこういったサービスを提供しなくなっています。自行・庫の顧客サービスと比較するためにも証券会社の商品を知ることは有意義なので、口座だけでも開設してみるといいかもしれません。そのうえで利用してみると、投資家の立場で必要なマーケット情報や証券商品の情報がみられますし、各上場企業の主要な財務情報も入手できます。

上場企業の主要な財務情報としては、決算短信があります。事業年度と四半期（２０２４年4月以降は半期）ごとの決算情報を要領よく表示するものです。

決算短信に掲載されているのは、直近の**連結決算**（⇩**単語集**）情報で、①当該年度の経営成績（売上高、営業利益、当期純利益等）、②同財政状態（総資産、純資産等）、③連結キャッシュ・フローの状況、④配当の状況などの主要データです（個別財務諸表についても、同様の内容が掲載されています）。

関連情報が知りたい場合には、日経新聞電子版や検索検索サイトの「Yahoo! ファイナンス」が便利です。社名か証券コードで検索すれば、「企業情報（本社所在地、設立年月日、従業員数等）」「業績（本決算・中間決算、2期前本決算、3期前本決算）」「関連ニュース」などの情報が入手できます。

さらに詳しい財務情報が必要な場合は、各企業のホームページにアクセスします。試しに三井物産のホームページをみてみますと、ＩＲ（投資家情報）資料室のコーナーに決算短信のほか、有価証券報告書、**アニュアル・レポート**（**統合報告書**）（⇩**単語集**）等が掲載されています。

最近、各企業は、投資家に対して財務状況など投資判断に必要な情報を提供するＩＲ（インベスターズ・リレーションズ）活動に積極的です。企業はＩＲ活動を通じ、投資家、顧客などステークホルダー（利害関係者）の理解を深めることで、資本市場での正当な評価を得ることができます。逆に、外部からの厳しい評価を受けることにもなり、経営の質を高める効果もあります。

また、ホームページ上にＩＲ専用のサイトを設ける企業が増えてきています。

格付や倒産情報

さらに、財務面のみでなく、総合的な見地から企業の実力を評価する尺度として「格付」があります。格付とは、格付機関が、企業の発行する債券を対象に、その元利金の返済される確実性の程度を測定し、記号でランクづけして投資家の判断材料とするものです。経営陣の評価、製品・技術・営業などの競争力評価、収益性、財務の安全性、生産性などの財務分析を経て決定され、その後も、継続的な状況確認と見直しが行われます。

具体的な格付は、格付機関のホームページから知ることができます（アクセスするには会員登録が必要な場合もあります）。米国の「ムーディーズ」「スタンダード＆プアーズ（S＆P）」、日本の「格付投資情報センター」「日本格付研究所」などが代表的なところです。

景気と密接な関連をもつ企業倒産については、「帝国データバンク」に大型倒産速報と全国企業倒産集計が、「東京商工リサーチ」に倒産速報、全国企業倒産状況が、「全国銀行協会」に全国法人取引停止処分者の負債状況が、それぞれ掲載されていますので、最近の動向や過去からの推移の経緯が把握できます。

決算短信の構成（定型様式）

1 連結業績

（1）連結経営成績
（2）連結財政状態
（3）連結キャッシュ・フローの状況

2 配当の状況

3 その他

（1）期中における重要な子会社の異動（連結範囲の変更を伴う特定子会社の異動）
（2）会計方針の変更・会計上の見積りの変更・修正再表示
（3）発行済株式数（普通株式）
（参考）個別業績の概要

スマートフォンとＳＮＳ

いまや携帯電話は日常生活に必要不可欠なツール（道具）となっています。読者のみなさんでもっていない人は、いないといってもいいでしょう。また、携帯電話はスマートフォンだという人のほうが圧倒的に多いと思います。

スマートフォンの進化

大量のデータ処理が可能で、高度な情報処理機能が備わっているスマートフォンは、いろいろなアプリケーションを自由にインストールすることにより、利用者それぞれの目的にあったツールとして活用されています。逆に、各アプリケーションもスマートフォンの機能や情報を活用することで進化を遂げています。インターネットの利用を前提としているため、携帯電話の無線ネットワークだけではなく、無線ＬＡＮ（Ｗｉ－Ｆｉ ワイファイ）に接続して利用することも可能です。スマートフォンは、従来の携帯電話機能にパソコン機能を付け加えた画期的な小型ツールといえます。しかも、左図の通り、個人のインターネット利用機器に関しては、スマートフォンがパソコンを上回っています。

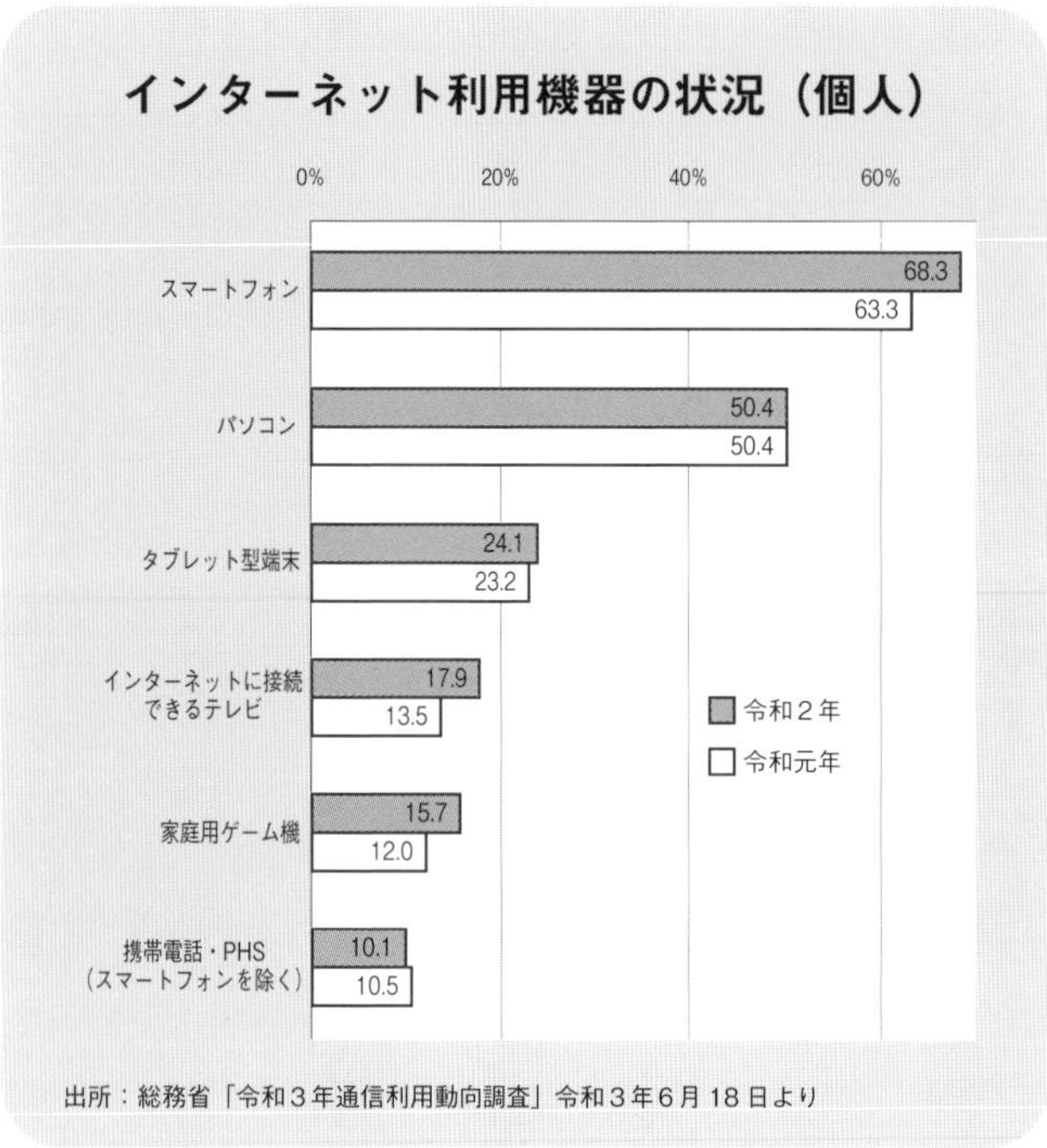

インターネット利用機器の状況（個人）

	令和２年 (%)	令和元年 (%)
スマートフォン	68.3	63.3
パソコン	50.4	50.4
タブレット型端末	24.1	23.2
インターネットに接続できるテレビ	17.9	13.5
家庭用ゲーム機	15.7	12.0
携帯電話・PHS（スマートフォンを除く）	10.1	10.5

出所：総務省「令和３年通信利用動向調査」令和３年６月18日より

ゲームや交通やグルメなどの便利情報だけではなく、たとえば日経新聞電子版の有料プランに登録するとパソコンからだけではなく、スマートフォンやｉＰａｄなどのタブレットで記事を読んだり、検索や保存もできます。いまでは、さらにクラウド（ネットワークを経由して、サービス業者の提供する大型サーバでデータやソフトウェアを利用できる仕組み）にデータを保存して、パソコンでもスマートフォンでも利用できる機能も活用できます。

ＳＮＳの利用

スマートフォンは、ソーシャル・ネットワーキング・サービス（ＳＮＳ）との接続になじみやすい性質をもっています。ＳＮＳとは、さまざまな社会上のネットワークをインターネット上で構築するサービスのことです。代表的なＳＮＳとして、世界最大の会員数をもつFacebook（フェイスブック）、日本最大の会員数をもつＬＩＮＥなどがあります。また、Twitter（ツイッター）などのミニブログサービス（短いテキスト文章で投稿するコミュニケーション・サイト）も世界的に広がっています。

ＳＮＳは、各人（個人・法人等団体）が登録することにより、友人同士だけではなく他人との新たな関係を構築する場を提供しています。同窓会などの特定のメンバーだけが参加できる「グループ」機能なども設定できますし、企業がＳＮＳを利用したマーケティングも着実に増えています。就職活動でＳＮＳを活用した読者の方も多いのではないでしょうか。金融庁も新着情報をTwitterで配信してい

ます。

SNS利用の注意点

匿名による「掲示板」とは異なり、SNSは記名式のため無責任な書き込みが予防できるメリットがあるといわれています。そこで、電子メールよりもSNSによる連絡手段を優先する人々も増えているようです。

しかし、スマートフォンやSNSにおける利用者の個人情報がアプリケーションを通じて通信事業者やアプリケーション開発業者等に収集されて利用される可能性があることには注意が必要です。ウイルスやサイバー攻撃などもあり、思いもよらない危険に巻き込まれてしまう可能性があります。会社のPCでSNSを利用するとこのように情報漏洩につながるリスクがあるので、個人的な利用を禁止している企業も多いようです。

また、従業員のSNSへの書き込みをきっかけにして、企業の信用が棄損される事態も発生しているようです。たとえば、感情のおもむくままにお客さまや会社を批判する文章や、職場において相応しくない行動や態度を撮った写真を投稿したら、不特定多数の人にみられてしまう可能性があります。そして、勤務先が特定されてしまい、炎上（ブログに膨大な数の批判が殺到すること）事件に発展し、会社の営業活動に支障が生じる可能性があるのです。

したがって、SNSへの私的な投稿であっても個人情報やプライバシーの保護、うわさ話の流布、誹謗中傷や差別的表現の禁止などの社会的なルールを守ることが求められます。これらは、コンプライアンス以前の社会人としてのマナーの基本ですね。

コラム

データ処理に必要な基礎知識

統計に関する記事やレポートを読んだり、自分で情報やデータを入手して分析したりするためには、データ処理の基礎知識が必要です。数学や統計学の知識があればいいのですが、まずは、ここに書いてある用語の意味だけでも知っておいたほうがいいでしょう。なお、これらはパソコンなどの計算ソフトで簡単に処理できます。

期待値

あるデータ（標本ということもあります）をもとに平均値を計算することがあります。たとえば、ある支店の預金の一口座当たりの平均残高を求める場合は、残高すべてを口座数で割れば算出できます。これに対して、株価のように変化する値（この標本を確率変数といいます）の1年間の平均値は「期待値」と呼びます。この例ですと計算方法は同じですが、たとえば、サイコロの目の期待値を計算する場合は、以下の式となります。出る目の値にそれぞれの発生する確率1/6をかけるのです。サイコロの目の期待値は3.5ですね。

$$1\times\frac{1}{6}+2\times\frac{1}{6}+3\times\frac{1}{6}+4\times\frac{1}{6}+5\times\frac{1}{6}+6\times\frac{1}{6}=\frac{21}{6}=3.5$$

分散、標準偏差

確率変数がどの程度ばらついているのかをみる指標が分散と標準偏差です。Aという株価とBという株価の1年間の期待値がどちらも100円だとします。しかし、Aが1年間ほぼ100円に近い値動きをするのに対して、Bが50円になったり200円になったりするのであれば、AのほうがBよりもリスクが低いと考えられます。

この例のAまたはBの株価の分散は、それぞれの各日の株価（確率変数）と期待値100円との差の2乗を日数（標本数）で割ります。標準偏差は分散の平方根です。すなわち、各日の株価と期待値との差の平均値といえます。

金融機関のリスク管理や運用部門では、分散や標準偏差のことをリスクと考えます。図は確率分布、すなわち中央（ゼロと表示されている）が期待値で、そこから確率変数であるデータがばらついていることを示しています。データが十分に多いと期待値にデータの多くが集まります。したがって、この釣り鐘の形状が中央に尖っているとリスクが小さく、反対に平たく、すそ野が広がると安定しない、またはリスクが大きいと判断されます。

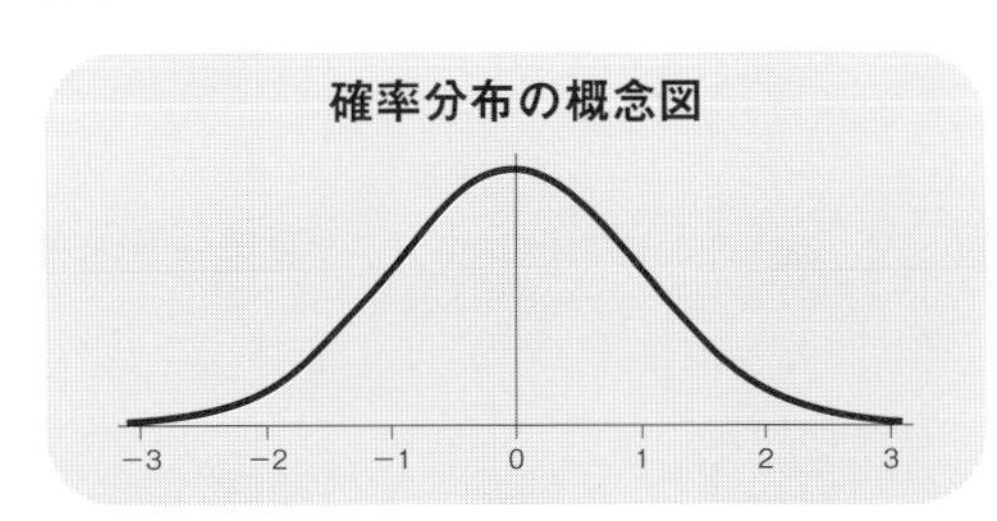

Q1 ～ Q10 のうち
正しいものは、どれでしょうか？

Q1 インターネット活用のコツは、自分の求めているホームページをいかにスムーズに探し当てるかにあり、検索エンジン系ポータルサイトなどが役に立ちます。

Q2 インターネットは、速報性や発信源へのアクセス性という点においては、新聞にかないません。

Q3 一般に、新聞社のホームページには、朝刊の記事は掲載されていますが、随時更新が必要なニュース速報は掲載されていません。

Q4 新聞社のホームページのなかには、過去の新聞記事が検索できる検索機能がついているものがあり、調べもの等で過去の事件の内容やデータが必要な場合には威力を発揮します。

Q5 政府（デジタル庁）が運営する「電子政府の総合窓口」では、各省庁の行政情報に関する検索サービスが提供されています。

Q6 インターネットから提供されるデータの多くは、直接パソコンにダウンロードすることができるので、パソコンで使用する場合には、入力作業をわざわざ行う必要がなく便利です。

Q7 個人の資産運用ニーズが高まるなかで、投資関連情報を網羅したサイトも、近年非常に充実してきました。

Q8 投資家の関心が高いものに外国為替相場の先行きがありますが、プロのアナリストの分析が金融機関等のサイトに掲載されていますので、ひととおり目を通しておくと参考になります。

Q9 上場企業の決算短信は、インサイダー取引防止のため、インターネットでの公表は許されていません。

Q10 財務面のみから企業の実力を評価するものとして、格付機関が企業の発行する債券を対象に、その元利金の返済される確実性の程度を評価する「格付」があります。

正解

Q1 ○
Q2 × 速報性やアクセス性ではインターネットが優れている。
Q3 × 随時更新されている。
Q4 ○
Q5 ○
Q6 ○
Q7 ○
Q8 ○
Q9 × 上場企業はＩＲ情報として公表しており、インサイダー情報にはならない。
Q10 × 格付は財務面のみでなく、総合的な見地から評価される。

新聞によく出る単語集

A～Z

AI
人工知能（Artificial Intelligence）のことで、人間が知能を使ってすることを機械にさせることといえます。チェスをプレイするコンピュータや自動運転車などが代表的な例です。

e-Govポータル
２００１年4月より総務省行政管理局が運用するサイト「電子政府の総合窓口」が２０２０年に再編され、２０２１年からデジタル庁が運営しています。各省庁の行政情報についての横断的・総合的な検索・案内サービスです。

ETF
指数連動型上場投資信託、すなわち国内外の株価指数などに代表される指標への連動を目指す投資信託で、証券取引所に上場されたものです。Exchange Traded Funds の頭文字が用いられています。

JPX日経インデックス
株主資本利益率（Return on Equity）や独立した社外取締役の選任など、グローバルな投資基準に求められる選定基準を満たした企業４００社の銘柄で構成されており、２０１４年1月に開始された株式指数です。

J-REIT
投資家から集めた資金で、オフィスビルや商業施設、マンションなど複数の不動産などを購入し、その賃貸収入や売買益を投資家に分配する投資信託をREIT（Real Estate Investment Trust）と呼び、日本では頭にＪＡＰＡＮの「Ｊ」をつけています。Ｊ－ＲＥＩＴは証券取引所に上場されています。

SDGs
２０１５年国連サミットで採択された「持続可能な開発のための目標（Sustainable Development Goals）で、貧困や気候変動への対策など17のゴール等で構成されており、株式市場等における環境、社会、企業統治に配慮したＥＳＧ投資にもリンクしています。

TIBOR
Tokyo Inter-Bank Offered Rate のことをいいます。東京の銀行間市場における円短期金利として利用される標準的指標で、１週間物、１・２・３・６・12カ月物の６種類が提示されます（前決め）。なお、ロンドン市場で取引されるＬＩＢＯＲも提示されてきましたが、２０２１年末（米ドルＬＩＢＯＲは23年6月）に廃止され、各国で新しい基準金利が開始しています。円金利では、前決めのＴＯＲＦ（Tokyo Term Risk Free Rate）、主にデリバティブで使われる後決めのＴＯＮＡ（Tokyo OverNight Average rate）、ＴＩＢＯＲから選ばれています。

TOPIX（トピックス）
東京証券取引所に上場する銘柄を対象として算出・公表されている株価指数で、国内株式で運用される投資信託のベンチマーク（比較基準）としては日経平均株価よりもＴＯＰＩＸのほうが多く使われています。１９６８年１月４日の時価総額を１００として算出されてきましたが、２０２２年４月１日の新市場区分施行により同年10月から２０２５年１月にかけて新区分を反映した構成に段階的に移行します。新市場区分とは従来の東証1部、2部、マザーズ、ジャスダックを廃止し、業績や時価総額などによりプライム、スタンダード、グロースの各市場に再編されたものです。

あ行

アニュアル・レポート
「統合報告書」や「年報」とも呼ばれ、企業が経営内容について総合的な情報を毎年度にディスクロージャー（情報公開）する冊子をいいます。法律で定められた決算短信や有価証券報告書とは異なり、企業のビジョンや戦略、経営者の個性など、財務諸表だけではみえない経営活動やＳＤＧｓなどの価値創造に関する情報を把握できます。

新聞によく出る単語集

アベノミクス
２０１２年に成立した第２次安倍内閣が打ち出した、デフレと円高から脱却し、経済の再生を目指す経済政策のことです。大胆な「金融政策」、機動的な「財政政策」、民間投資を喚起する「成長戦略」が、「三本の矢」とされ、株価上昇と円安に貢献したと評価されます。

営業利益
会社が本業からあげる利益のことをいい、売上げから、販売管理費や原材料費、仕入れコストなどの本業にかかわるコストを差し引いて計算されます。営業利益を売上高で割った売上高営業利益率は、会社の儲けやすさをみる指標です。

か行

完全失業率
労働力人口に占める完全失業者の割合で、働きたいのに仕事がない人の比率を示しています。総務省が毎月発表している代表的雇用統計です。

監督指針
金融庁の監督指針とは、金融庁が所管する金融機関等の組織を監督するにあたって、体系的に整理し、必要な情報を集約した、金融庁職員向けの「手引書」のことです。監督される機関等では、これを参考資料というよりルールとして経営やリスク管理、事務管理等に利用しています。

企業物価指数
ＣＧＰＩ（＝Corporate Goods Price Index）とも呼ばれ、企業間で取引される商品の価格動向を示す指数です。日本銀行が毎月発表しており、商品の需給に応じて敏感に反応するため、景気動向をみるうえで欠かせない指標です。

季節調整値
気候や社会的制度・慣習などの影響によって一定の季節パターンをもつ景気指標の場合、前月や前期と比較しやすくするため、季節パターンによる振れを統計的な手法で取り除いた数値を作成し、これを季節調整値といいます。

経常利益
企業が本業を含めて普段行っている継続的な活動から得られる利益のことをいい、営業利益に財務活動など本業以外の活動による損益を加減して計算されます。財務力を含めたその企業のトータルな実力をみるのに適しています。

個人金融資産残高
家計部門が保有する現金や預金、株式、投資信託、保険・年金準備金などの金融資産の残高のことで、２０２２年12月末時点の個人金融資産残高は約２０２３兆円。日銀が資金循環統計というかたちで、四半期ごとに発表しています。

さ行

自己資本比率規制
バーゼル規制ともいわれますが、金融機関の健全性を確保するために資産に対する自己資本を一定の比率（国際基準８％、国内基準４％）で求めるものです。各金融機関は、信用リスク等自行・庫の抱えるリスクに備える必要資本を準備しなければなりません。

また、２０１３年から２０２８年完全実施まで順次、より厳しい「バーゼルⅢ」が導入されています。

実質値
物価の影響を取り除いた、文字どおり実質的な経済活動の状況をみることができる数値のこと。実際に取引されている価格である名目値をデフレーターと呼ぶ物価指数で割ることにより求めることができます。代表的なものとしては実質ＧＤＰがあります。

消費者物価指数
ＣＰＩ（＝Consumer Price Index）とも呼ばれ、消費者が購入する消費財やサービスの価格動向を示す指数です。総務省が毎月発表し、国民の生活水準を示す指標の一つとして広く利用されているほか、日本銀行の金融政策の関係でも注目を集めています。

情報リテラシー
リテラシーとは本来「識字力＝文字を読み書きする能力」のこと。情報リテラシーは、狭義には「コンピュータが操作できること」を意味しますが、広義には「情報の取扱いに関する広範囲な知識と能力」のことを指します。

た行

投資信託

投資信託は顧客から集めた資金を一つにまとめ、投資運用の専門家である投信会社がさまざまな種類の株式や債券などに投資し、その投資成果を顧客に支払う金融商品です。ひと言でファンドと呼ばれることもあります。

デフレ

デフレ（デフレーション）は物価が持続的に下落していく経済現象をいいます。家計が継続的な物価下落を織り込んで消費を将来に先送りするため、貯蓄が積み上がり、モノが売れなくなります。それに伴い企業の生産も停滞し、新たな設備投資を抑制するなど経済全体にマイナスの影響を与えることとなります。反対に物価が持続的に上昇していく現象をインフレ（インフレーション）といいます。

な行

内需・外需

ＧＤＰ（国内総生産）統計において、民間部門（個人消費、設備投資、住宅投資など）と政府部門（公共投資、政府支出など）を総称した国内の需要を「内需」、海外の需要（輸出−輸入）を「外需」と呼んでいます。建設、不動産、小売、金融等主たる事業基盤が国内にある業種の株式を「内需関連株」というのはここからきています。

日経平均株価

日本経済新聞社の発表する代表的な株価指数で、東京証券取引所プライム市場に上場している株式のうち、取引が活発で流動性の高い主要２２５銘柄を対象として、それらの株価を額面50円株価に換算する株価換算係数を乗じ、これらを合計したものを除数（現在約28）で割って出します。

日本銀行政策委員会

日本銀行の最高意思決定機関で、総裁、副総裁（2名）、審議委員（6名）の計9名の委員で構成されています。原則毎月2回程度開催される金融政策決定会合において、金融政策運営を討議し、公定歩合や金融市場調節などの金融政策の決定・変更を行います。

や行

有効求人倍率

職業安定所（ハローワーク）に登録された有効求人数を有効求職者数で割った数値のことを有効求人倍率といいます。有効求人倍率が1を超える場合は、求職に対して求人が多く、労働市場が逼迫していることを意味しています。

連結決算

親会社だけでなく、子会社や関連会社などの業績も株式保有比率などに応じて集計された決算のことをいいます。最近の企業は、グループ経営が意識されていますので、子会社等の売上げや利益を加算して集計した連結決算が、その会社の真の姿を表しているといえます。

ら行

リーマン・ショック

２００８年9月に大手米国証券会社リーマン・ブラザーズが破綻したことを契機として起こった世界的金融危機のことをいいます。２００７年の米国サブプライムローン問題（低格付住宅ローンの証券化商品の暴落）に端を発して、多くの資産価格の暴落が起こり、大手のリーマン・ブラザーズまでもが破綻したため、米国経済だけではなく世界的な金融危機へと連鎖したのです。日経平均株価も２００８年10月28日には一時６９９４円まで暴落しました。

ロンバート型貸出制度（補完貸付制度）

金融機関が一定の条件のもとで、あらかじめ差し入れた担保の範囲内で日銀から借入れできる制度への適用金利のことで、短期金利（コールレート）の市場変動に上限を画する機能を担っています。金融機関が希望すれば必ず貸付が受けられ、期間は原則1営業日ですが、最長5営業日まで延長可能です。

編著者の紹介

福島　良治（ふくしま りょうじ）

みずほ第一フィナンシャルテクノロジー株式会社 エグゼクティブ・アドバイザー
ユーシーカード株式会社　監査役など
専修大学大学院経済学研究科非常勤講師、経済学博士

【略歴】

1984年東京大学法学部卒、日本長期信用銀行（同年入行）、日本興業銀行（1998年入行）・みずほコーポレート銀行、みずほ第一フィナンシャルテクノロジー㈱代表取締役常務等を経て、2021年より現職。

2004年より専修大学大学院経済学研究科 客員教授（2009年より非常勤講師）、2009〜18年早稲田大学大学院ファイナンス研究科客員教授（2011年より非常勤講師）。


【主著】

『企業価値向上のデリバティブ―リスクヘッジを超えて』（2015. 2、金融財政事情研究会）、『デリバティブ取引の法務・第5版』（2017. 3改訂、金融財政事情研究会）、『英雄詩伝―漢詩で読むリーダーの生き方』（2002. 9、日本経済新聞社）

以下共著
『金融法講義・新版』（2017.10、岩波書店）、『スワップ取引のすべて・第6版』（2023. 9改訂、金融財政事情研究会）

図説 金融ビジネスナビ 2024
——情報リテラシー向上編

2023年8月10日　第1刷発行
（2006年6月28日　初版発行）

編著者　福　島　良　治
発行者　加　藤　一　浩
印刷所　株式会社日本制作センター

〒160-8519　東京都新宿区南元町19
発　行　所　一般社団法人 金融財政事情研究会
編 集 部　TEL 03(3355)2251　FAX 03(3357)7416
販売受付　TEL 03(3358)2891　FAX 03(3358)0037
URL　https://www.kinzai.jp/

ISBN978-4-322-14354-6